CUBA *y la*
REVOLUCION NORTEAMERICANA QUE VIENE

CUBA *y la* REVOLUCION NORTEAMERICANA QUE VIENE

JACK BARNES

PATHFINDER

Nueva York   Londres   Montreal   Sydney

Encargado de la edición: Steve Clark

ISBN 0-87348-933-0
Library of Congress Control Number (Biblioteca del Congreso, número de control): 2001090728

Impreso y hecho en Canadá
Manufactured in Canada

Primera edición, 2001
Cuarta impresión, 2005

DISEÑO DE LA PORTADA: Eva Braiman
PORTADA: Hans Hofmann, *Fantasía*, 1943, óleo, pintura duco y caseína en plywood, 51½" x 36⅝", Universidad de California, Museo del Arte de Berkeley; obsequio del pintor. Fotografiado para el Museo del Arte de UC Berkeley por Benjamin Blackwell.

Pathfinder

www.pathfinderpress.com
Correo electrónico: pathfinder@pathfinderpress.com

DISTRIBUIDORES DE PATHFINDER EN EL MUNDO:

Australia (y Oceanía y el sudeste de Asia):
Pathfinder, Level 1, 3/281-287 Beamish St., Campsie, NSW 2194
Dirección postal: P.O. Box 164, Campsie, NSW 2194

Canadá:
Pathfinder, 2238 Dundas St. West, Suite 201, Toronto, ON M6R 3A9

Estados Unidos (y América Latina, el Caribe y el Asia del este):
Pathfinder Books, 306 W. 37th St., 10º piso, Nueva York, NY 10018-2852

Islandia:
Pathfinder, Skolavordustig 6B, Reikiavik
Dirección postal: P. Box 0233, IS 121 Reikiavik

Nueva Zelanda:
Pathfinder, Suite 3, 7 Mason Ave., Otahuhu, Auckland
Dirección postal: P.O. Box 3025, Auckland

Reino Unido (y Europa, Africa, Oriente Medio y el Asia del sur):
Pathfinder, 1er piso, 120 Bethnal Green Road
(entrada en Brick Lane), Londres E2 6DG

Suecia:
Pathfinder, Bildhuggarvägen 17, S-121 44 Johanneshov

Contenido

Sobre el autor

JACK BARNES ha sido secretario nacional del Partido Socialista de los Trabajadores (PST) desde 1972. Desde mediados de la década del setenta, asumió una responsabilidad central por el viraje político del PST hacia las oportunidades de incorporar a la abrumadora mayoría de sus miembros y dirigentes a los sindicatos industriales. Desde esa base, los miembros del partido han construido el movimiento comunista al tiempo que han trabajado activamente con compañeros de trabajo en esfuerzos destinados a transformar los sindicatos en instrumentos revolucionarios de lucha que defiendan no sólo a sus propios miembros, sino los intereses de los trabajadores y agricultores de todo el mundo. En *El rostro cambiante de la política en Estados Unidos* se da constancia del periodo 1978–91 de este viraje en la construcción de partidos proletarios en Estados Unidos y otros países.

Desde 1998 Barnes ha dirigido una segunda importante campaña en el PST y en sus organizaciones hermanas a nivel internacional para que se orienten hacia las oportunidades creadas por el endurecimiento de la resistencia y la expansión del marco geográfico de las acciones de vanguardia de los trabajadores y agricultores que le hacen frente a la ofensiva de los patrones para aumentar sus ganancias a expensas de los productores. El comienzo de este segundo viraje se recoge en "Un cambio marino en la política obrera", el primer capítulo de *El desorden mundial del capitalismo*.

Siendo un organizador del Comité Pro Trato Justo a Cuba y de acciones en defensa de los derechos de los negros, Barnes se unió a la Alianza de la Juventud Socialista en 1960 y al Partido Socialista de los Trabajadores en 1961. Organizó la exitosa campaña de cuatro años en defensa de tres miembros de la AJS en Bloomington, Indiana, acusados en mayo de 1963 de propugnar el derrocamiento del estado de Indiana por la fuerza y la violencia. En 1965 fue electo presidente nacional de la AJS y pasó a ser director del trabajo del PST y de la AJS en el creciente movimiento contra la guerra de Vietnam. Ha sido miembro del Comité Nacional del Partido Socialista de los Trabajadores desde 1963 y un oficial nacional del partido desde 1969. Desde 1963 ha asumido responsabilidades centrales para la labor internacional del partido.

Junto a sus responsabilidades como organizador, Barnes ha sido uno de los directores contribuyentes de *New International*, una revista de política y teoría marxistas. Es autor de muchos libros, folletos y artículos, varios de los cuales figuran en la lista que aparece al frente del libro.

■

MARY-ALICE WATERS, autora del prefacio, es directora de *New International* y presidenta de la editorial Pathfinder. Ha sido miembro del Partido Socialista de los Trabajadores desde 1964 y del Comité Nacional del PST desde 1967; ha asumido responsabilidades centrales en el trabajo internacional del partido. Habiéndose unido a la Alianza de la Juventud Socialista en 1962, fue directora del *Young Socialist* (1967–68) y fue secretaria nacional y luego presidenta nacional de la AJS (1967–68).

A principios de la década de 1970, Waters fue directora del semanario *The Militant*. Es la autora de *Pathfinder nació con la Revolución de Octubre, Che Guevara y la realidad imperialista, Marxismo y feminismo, Antecendentes al golpe de estado en Argelia* (en inglés), y muchos otros folletos y artículos. Ha editado y contribuido con numerosos títulos de Pathfinder, incluidos: *Playa Girón/Bahía de Cochinos: Primera derrota militar de Washington en América; Che Guevara habla a la juventud; Habla Rosa Luxemburgo* (en inglés); *El rostro cambiante de la política en Estados Unidos; El desorden mundial del capitalismo; Los cosméticos, la moda y la explotación de la mujer* (en inglés); *La continuidad comunista y la lucha por la liberación de la mujer* (en inglés); y *Hay que decir la verdad: por qué no cesa la 'guerra fría' de Washington contra Cuba* (en inglés).

Prefacio

La victoria de Playa Girón desbarató el mito de la invencibilidad del imperialismo estadounidense.

Nos infundió la convicción de que la Revolución Cubana sería parte integral de la lucha de clases dentro de Estados Unidos mientras la clase trabajadora estuviera en el poder en Cuba, y nos habíamos convencido de que ésta sería la realidad por el resto de nuestras vidas.

Jack Barnes
Marzo de 2001

EN MENOS DE 72 HORAS DE COMBATE en abril de 1961, cerca de Bahía de Cochinos, la Fuerza Aérea Revolucionaria, las milicias, la policía y el Ejército Rebelde de Cuba derrotaron una invasión de 1 500 contrarrevolucionarios cubanos a quienes Washington armó, entrenó, les dio el guión y desplegó. Esta victoria contundente, la primera derrota militar del imperialismo yanqui en el continente americano, tuvo repercusiones por todo el mundo, sobre todo dentro del propio Estados Unidos.

Jack Barnes toma ese momento histórico como su punto de partida en *Cuba y la revolución norteamericana que viene.* Fue el momento en que Cuba dejó de percibirse como otra víctima más del país más poderoso de la historia, y surgió como su igual. Al mismo tiempo, es un libro sobre las luchas del pueblo trabajador en el corazón del imperialismo, sobre los jóvenes que se ven atraídos a estas luchas y sobre el ejemplo ofre-

9

cido por el pueblo de Cuba, que nos enseñó que la revolución no sólo es necesaria, sino que se puede hacer. Es un libro sobre la confianza inquebrantable que los trabajadores y los campesinos de Cuba nos infundieron sobre las capacidades del pueblo trabajador.

"El principal obstáculo a la marcha histórica de los trabajadores y agricultores", señala el autor en las páginas que siguen, "es la tendencia —promovida y perpetuada por las clases explotadoras— del pueblo trabajador a subestimarnos, a subestimar lo que podemos lograr, a dudar de nuestra propia valía". Los trabajadores y agricultores de Cuba nos mostraron que con la solidaridad de clase, conciencia política, coraje, esfuerzos concentrados y persistentes de educación y un liderazgo revolucionario con la gran capacidad del cubano —probado y forjado en la batalla a través de los años—, es posible hacer frente a un poderío enorme y a probabilidades aparentemente irreversibles *y vencer*.

Esa fue la lección que a principios de la década de 1960 interiorizó una vanguardia de jóvenes dentro de Estados Unidos, ayudada, alentada y educada por trabajadores y agricultores veteranos del Partido Socialista de los Trabajadores. Su historia se relata aquí en "1961: Año de la Educación". Escrito como prólogo al libro recién editado por Pathfinder, *Playa Girón/Bahía de Cochinos: Primera derrota militar de Washington en América*, describe el impacto que tuvo la Revolución Cubana sobre jóvenes que ya empezaban a radicalizarse ante la creciente lucha de masas para derrocar el sistema Jim Crow de segregación racial en el Sur de Estados Unidos y para echar atrás otras formas de discriminación racista por todo el país. Relata la labor de los estudiantes que establecieron un capítulo universitario del Comité Pro Trato Justo a Cuba en la universidad de Carleton en Minnesota en los escasos meses decisivos que culminaron con la victoria del 19 de abril en Playa Girón, un comité que al calor de los sucesos pasó a ser, por un periodo breve, el capítulo universitario más grande del país. Describe las lecciones de lucha de clases que los jóvenes aprendieron al vivir estas experiencias y relata cómo empezaron a forjar la Alianza de la Juventud Socialista en el curso de esa labor.

La segunda parte de este libro, "Primero se verá una revolución victoriosa en los Estados Unidos, que una contrarrevolución victoriosa en Cuba", se basa en charlas dadas por Jack Barnes en Nueva York y Seattle en marzo de 2001 en mítines para celebrar la publicación de *Playa Girón/Bahía de Cochinos*. Entre los 450 participantes en estos mítines había decenas de voluntarios de todos los puntos del país cuya labor hizo posible la producción del libro con rapidez y calidad. El público abarcó las generaciones que iban desde aquellos que ya habían sido partidarios activos de la Revolución Cubana al momento de Bahía de Cochinos hasta los jóvenes socialistas quienes hoy están asumiendo como propio este capítulo de la historia.

Playa Girón/Bahía de Cochinos salió a la luz en español y en inglés justo a tiempo para presentarlo en la conferencia "Girón: 40 años después", celebrada del 22 al 24 de marzo en La Habana, y que le fue entregado por los anfitriones cubanos a cada uno de los participantes. Durante ese evento los dirigentes políticos y militares de Cuba revolucionaria, cuyo liderazgo había asegurado la victoria, entre ellos el comandante en jefe Fidel Castro, se reunieron para discutir los sucesos ocurridos cuatro décadas atrás con una delegación norteamericana, algunos de cuyos miembros pelearon como parte de la Brigada 2506, entrenada y financiada por Washington, ayudaron a preparar los planes de invasión de la CIA, o actuaron como apologistas y asesores de la administración del presidente John F. Kennedy.

En varias ciudades de Estados Unidos —desde Miami hasta Nueva York, desde Seattle hasta Minneapolis y Boston— se celebraron actividades para conmemorar la victoria cubana en Bahía de Cochinos. En cada una de ellas el objetivo era no sólo contar la historia de lo sucedido muchos años atrás, sino también usar ese conocimiento para comprender el mundo de hoy y prepararnos para las batallas que vienen.

¿Por qué siguen los gobernantes norteamericanos tan ferozmente decididos a tratar de aplastar la Revolución Cubana como lo estaban en 1961? Eso no es algo complicado. El primer territorio libre de América se mantiene aún como un ejemplo socialista y revolucionario para los oprimidos y explotados del mundo. El secretario de estado norteamericano Colin Powell lo explicó con más precisión de la que quizás intentaba ante una audiencia del subcomité de asignación de fondos de la Cámara de Representantes el 26 de abril en Washington, al responder a una pregunta sobre por qué el gobierno norteamericano rehusa alterar su inflexible hostilidad hacia Cuba. En China, Rusia y Vietnam, respondió Powell, "uno puede ver dirigentes a quienes el mundo está cambiando". Pero en Cuba, dijo, Castro "no ha cambiado sus perspectivas ni un ápice".

El señor secretario acertó, como ha acertado también cada uno de sus predecesores. El pueblo de Cuba jamás se ha rendido. El mensaje para los posibles invasores sigue siendo el mismo: si vienen se quedan. No van a subordinar los intereses del pueblo trabajador a las prerrogativas del capital. Permanecen listos, como siempre, a ayudar a las luchas revolucionarias dondequiera que ocurran y por los medios que sean necesarios.

■

La respuesta más importante a la publicación de *Playa Girón/ Bahía de Cochinos* procedió de las nuevas generaciones de lectores, quienes descubrieron en sus páginas algo que no esperaban. Anticipaban ver un relato claro y ameno de la batalla histórica por parte de José Ramón Fernández, quien dirigió la columna principal de los soldados que derrotaron a las fuerzas invasoras en abril de 1961. Anticipaban la verdad y la claridad de clase del liderazgo político ofrecidas al pueblo de Cuba y al mundo en los discursos de Fidel Castro, Ernesto Che Guevara y Raúl Castro. En las páginas del libro anticipaban encontrar plasmados la resolución y el coraje de los trabajadores y campesinos —jóvenes en su inmensa mayoría—, que lucharon y cayeron en el camino a Playa Girón para defender la primera revolución socialista en nuestro hemisferio.

Lo sorpresivo fue conocer cómo una generación anterior de jóvenes socialistas dentro de Estados Unidos había librado una intensa batalla política en defensa de la Revolución Cubana aquí mismo en las semanas antes, durante y después de la invasión organizada por Washington.

Este capítulo hasta ahora inédito de la historia del movimiento juvenil comunista era para sus continuadores actuales más que un relato interesante de algo ocurrido hace mucho tiempo; era un modelo de trabajo de masas que debe emularse hoy.

Después de leer "1961: Año de la Educación", varios jóvenes socialistas en Pittsburgh decidieron incluso alquilar el vídeo y organizar un encuentro para ver *Salt of the Earth* [La sal de la Tierra], la famosa película puesta en las listas negras, que trata sobre la batalla de sindicalización de los mineros del zinc, en su mayoría mexicanos, en el Suroeste de Estados Unidos en la década de 1950. La exhibición de esa película y su discusión con uno de los organizadores sindicales fue una de las actividades organizadas en los meses que precedieron a la invasión de Bahía de Cochinos por los estudiantes de la universidad de Carleton, quienes se reunían semanalmente en un club de discusión socialista, organizaban un capítulo universitario del Comité Pro Trato Justo a Cuba, y rápidamente se estaban convirtiendo en jóvenes comunistas. Esa actividad formó parte de la amplia campaña educativa que ayudó a politizar a un sector de jóvenes y a preparar el terreno para una respuesta a la agresión norteamericana contra Cuba. Los jóvenes socialistas de Pittsburgh conjeturaron que si la película estimuló en 1961 el tipo de controversia y educación políticas referidas, entonces aún valía la pena verla. La película, pensaron, podría ser oportuna y resultar particularmente verosímil dadas las crecientes contribuciones de vanguardia de los trabajadores inmigrantes a través de todo el movimiento obrero norteamericano y la combatividad que hoy demuestran los mineros del carbón en esa misma región del país, muchos de los cuales son navajos, mexicanos o chicanos.

Lo que es más importante aun, estos jóvenes socialistas *actuaron* a partir de sus conclusiones.

■

Yo fui una de aquellos estudiantes en la universidad de Carleton para quienes la derrota del imperialismo norteamericano en Bahía de Cochinos representó todo un hito, y quienes cambiaron el curso de su vida a raíz de las actividades de las personas descritas en el primer capítulo de este libro. Antes de ese segundo año de universidad, prácticamente no tenía interés alguno en la política. Si los que teníamos 18 años hubiéramos tenido el derecho al voto en las elecciones presidenciales norteamericanas de 1960, yo probablemente habría votado por Richard Nixon. (La disminución de la edad para votar, llevándola a los 18 años fue una extensión del sufragio que los gobernantes norteamericanos sólo concedieron una década más tarde, cuando en vano intentaban aplacar la creciente indignación masiva entre los jóvenes que rehusaban ser usados como carne de cañón en la guerra de Vietnam.)

Seis meses después me autodenominaba socialista, aunque todavía entendía sólo vagamente lo que eso podría ser.

En los meses que precedieron a la invasión de Bahía de Cochinos, asistí a pocos de los eventos organizados por el programa Challenge (Desafío), patrocinado por el gobierno estudiantil, que Jack Barnes describe en "1961: Año de la Educación". Me perdí, por ejemplo, el evento en que hablaron dos organizadores nacionales del Comité Pro Trato Justo a Cuba, Robert Williams y Ed Shaw, porque tenía que escribir un ensayo o prepararme para un examen. Disfrutaba el estudio de la literatura inglesa, ¡y era algo que tomaba en serio! Pero al día siguiente, todos en la universidad estaban discutiendo aquel mitin electrizante. Como a otros que no habían estado allí, aun así me impactó.

Igual que hicieron cientos de estudiantes en Carleton, yo seguí con avidez la guerra de propaganda política que se libró en el tablero de anuncios en la Unión Estudiantil, leyendo tanto los recortes de prensa que fijaba el Comité Pro Trato Justo a Cuba como los que pusieron los críticos o enemigos de la revolución. Un partidario del Comité Pro Trato Justo me dio un ejemplar de *Escucha, yanqui*, de C. Wright Mills, que me devoré en un tirón. Ese librito en rústica escrito por un catedrático radical —de disposición socialista, ávido motociclista, propenso a los infartos y estadounidense de pura cepa, quien se oponía intransigentemente a la política de Washington hacia Cuba— fue más que mi introducción a la historia de la lucha anticolonial y antiimperialista de Cuba. Me abrió también los ojos a la arrogancia y brutalidad del dominio imperialista norteamericano sobre América Latina. Comencé a pensar y a discutir con otros sobre lo que debíamos hacer aquellos que en Estados Unidos nos oponíamos a esa realidad.

Al igual que millones de personas en Cuba antes que yo, en la primavera de 1961 me hice una "fidelista" antes de ser conscientemente "socialista". Me parecía un poco a los artilleros antiaéreos adolescentes en Cuba que se citan en un artículo del número del 23 de abril del periódico *The Militant*. Ellos describieron cómo reaccionaron tras escuchar el discurso de Fidel horas antes de que empezara la batalla de Playa Girón, cuando habló por primera vez del carácter socialista de la revolución en Cuba. "No conocíamos bien qué era el socialismo", dijo uno. No obstante, "alguien afirmó que si Fidel era socialista nosotros éramos socialistas también, y todos los presentes estuvimos de acuerdo con esto".

La noche del 19 de abril de 1961, mientras en el recinto se corría la voz sobre la aplastante derrota de Washington en lo que para nosotros no era entonces *Bay of Pigs* sino *Cochinos Bay*, me uní a la celebración de nuestra victoria y, a partir de entonces, jamás volví la vista atrás.

La Revolución Cubana que se iba profundizando no estaba aislada en el mundo de comienzos de la década de 1960. Había otras luchas antiimperialistas poderosas que también avanzaban, desde Indochina hasta el Congo y Panamá. Las batallas masivas que se libraban en Estados Unidos para derrocar el sistema Jim Crow de segregación racial eran un ejemplo de estas luchas internacionales y, a la vez, sacaban fuerzas de ellas. Había también nuevos indicios de efervescencia entre los mexicano-americanos y los chicanos. En mi caso fue la revolución argelina la que tuvo el impacto más profundo. Unos meses después de Bahía de Cochinos, me hallaba en Francia para el nuevo año lectivo. La lucha independentista argelina, pagada con sangre por cerca de un millón de argelinos, se aproximaba rápidamente a la victoria. La gran representación cinematográfica de esta lucha, *La batalla de Argel*, permite apreciar la valentía y resolución del pueblo argelino, así como la inmensurable brutalidad de las fuerzas imperialistas francesas. Nadie se la debe perder.

Durante los últimos meses de la guerra, París parecía una ciudad sitiada. Tras un fallido intento de golpe de estado, la Organización del Ejército Secreto (OAS), una agrupación fascista clandestina basada en el cuerpo de oficiales del ejército francés, había desatado en la capital una campaña de atentados dinamiteros y asesinatos con el fin de derrocar al gobierno francés antes que éste reconociera la independencia argelina. En cada esquina había paracaidistas armados con ametralladoras haciendo guardia las 24 horas al día, y cada noche estallaban explosivos plásticos en los buzones y en otros sitios públicos por toda la ciudad.

En todas las facultades estaban activos los comités antifascistas de estudiantes. Estos con regularidad organizaban manifestaciones que desafiaban la prohibición de acciones callejeras. Al enfrentarse con la odiada policía especial, la CRS, inevitablemente sufrían lesiones y arrestos. En febrero de 1962, ocho manifestantes murieron pisoteados y asfixiados cuando los que huían de un ataque de la CRS intentaron refugiarse en una estación del metro abandonada que no tenía salida. Más de un millón de personas se volcaron a las calles parisinas para sumarse al cortejo fúnebre rumbo al cementerio de Père Lachaise, donde también yacen enterrados los mártires de la Comuna de París.

Aunque habrían más bajas, la guerra había terminado. El pueblo de Argelia había triunfado. Pocos meses después se firmaron los acuerdos de Evian, en que se concedía a Argelia su independencia tras más de 130 años de dominio colonial francés. Al poco tiempo subió al poder un gobierno de trabajadores y campesinos, encabezado por el dirigente del Frente de Liberación Nacional, Ahmed Ben Bella.

Al sumarme a estas manifestaciones estudiantiles, tuve mi primera experiencia directa con el terror de la brutalidad policiaca y la realidad de la violencia fascista. Fue una lección política que me dejó una impresión indeleble. Sin yo saberlo en ese entonces, los comités antifascistas de estudiantes, cuyas acciones en las calles de París fueron indispensables para la movilización de apoyo para con la independencia argelina, los dirigían mis propios camaradas, jóvenes en la dirección del ala izquierda de la Unión de Estudiantes Comunistas. Estos jóvenes que al poco tiempo serían expulsados de la UEC ante la insistencia de la dirección del Partido Comunista Francés, en parte por haber encabezado esas acciones, fundaron después la Juventud Comunista Revolucionaria, organización hermana de la Alianza de la Juventud Socialista.

Al volver a Carleton para mi último año, de inmediato me afilié a la Alianza de la Juventud Socialista sin tener la menor duda de que era necesaria una organización comunista disciplinada para responder a condiciones similares que seguramente provocaría el capitalismo en Estados Unidos.

La lucha de liberación en Argelia tuvo un impacto entre capas de jóvenes y combatientes contra la opresión que iba, claro está, mucho más allá del norte de Africa y Francia, incluso en Estados Unidos. Entre ellos se encontraba Malcolm X. En un mitin del Militant Labor Forum celebrado en mayo de 1964 en Nueva York, Malcolm señaló que aunque sólo unos pocos años antes Ben Bella había estado preso en las cárceles del imperialismo francés, "hoy tienen que negociar con él, porque él sabía que lo que sí tenía a su favor eran la verdad y el tiempo. El tiempo está a favor de los oprimidos hoy día, está contra el opresor. La verdad está a favor de los oprimidos hoy día, está contra el opresor". En los dos viajes que realizó en 1964 por Africa y el Medio Oriente, Malcolm fue a Argelia para reunirse con sus compañeros revolucionarios. Entre las revoluciones argelina y cubana existían fuertes vínculos. En los años inmediatamente posteriores a su independencia de Francia hubo una colaboración cada vez más estrecha y creciente entre La Habana y Argel para ayudar a las luchas antiimperialistas desde el Congo hasta Argentina, pasando por la Sudáfrica del apartheid, y para defender las revoluciones argelina y cubana.

En el otoño de 1962 Ben Bella llegó a Nueva York para dirigirse a la Asamblea General de Naciones Unidas con motivo del ingreso de Argelia a ese organismo en calidad de nación independiente. De allí Ben Bella viajó a Washington para una breve visita de estado con el presidente John F. Kennedy y después, a pesar de las amenazas abiertas de sus anfitriones, de forma demostrativa viajó directamente a La Habana, donde se reunió con sus compañeros de armas. En un relato escrito 35 años más tarde, Ben Bella recuerda que llegó a La Habana el 16 de octubre, en la propia víspera de la crisis "de los misiles" de octubre, "en medio de escenas indescriptibles de entusiasmo popular" a favor de la revolución y de su solidaridad con Argelia.

La primera misión internacionalista en gran escala de voluntarios cubanos consistió en el envío de tanques y de una columna de soldados al mando de Efigenio Ameijeiras, jefe del batallón de la Policía Nacional Revolucionaria que con tanta tenacidad había luchado en Playa Girón; fueron a Argelia en octubre de 1963 para ayudar a que el gobierno revolucionario rechazara una invasión de fuerzas marroquíes respaldada por Washington.

Al ser derrocado, en junio de 1965, el gobierno de trabajadores y campesinos dirigido por Ben Bella, al ser derrotadas las fuerzas antiimperialistas en el Congo posteriormente ese mismo año, y al retirarse del Congo las fuerzas voluntarias cuba-

nas encabezadas por Che Guevara, llegó a su fin la época de ese
tipo de colaboración estrecha entre La Habana y Argel.

■

Han transcurrido más de 40 años desde que triunfó una revolución socialista. Eso es mucho tiempo, no en la escala histórica, sino en términos políticos. En el mundo se han dado muchos cambios.

No hay que ir muy lejos ni examinar muy a fondo, sin embargo, para ver dentro de Estados Unidos fuerzas sociales que se
ven impulsadas hacia la acción y que son capaces de transformarse a medida que se den cuenta, a través de la lucha, de que
necesitamos el mismo tipo de revolución que los trabajadores y
campesinos de Cuba llevaron a la victoria. Desde las calles de
Cincinnati hasta las minas del carbón en la Nación Navajo, desde las cooperativas agrícolas en el sur de Georgia hasta las gran-
jas lecheras de Wisconsin, desde el puerto de Charleston hasta
las empacadoras de carne de Omaha, desde los campos del Va-
lle Imperial de California hasta los talleres de costura de Los
Angeles y Nueva York, según se explica en las páginas que siguen, "una capa de vanguardia de trabajadores y agricultores
en este país están desarrollando confianza a partir de su experiencia común, y por lo tanto están más predispuestos a tomar
en cuenta ideas radicales, incluso el programa y la estrategia
del movimiento comunista moderno. Sépanlo o no, sus propias
experiencias de vida y lucha los están acercando a las experiencias de los trabajadores y campesinos de Cuba revolucionaria".

Esta no es una cuestión ideológica sino práctica, una cuestión
de integridad proletaria, de hábitos de disciplina, y de moral:
del marxismo.

En las últimas semanas, nos ha hecho recordar esto la profunda brecha de clase que se ha vuelto a abrir en Estados Unidos luego de que el ex senador estadounidense demócrata
Robert Kerrey reconociera la masacre de civiles de la cual él fue
responsable hace más de 30 años en Vietnam. (¡Le dio por "des-

ahogar su alma" apenas unos días antes de que la noticia fuera a aparecer en el *New York Times* y a transmitirse a nivel nacional en el programa *Sixty Minutes* de la cadena CBS.) Los liberales plañen por la agonía personal que Kerrey se ha visto obligado a aguantar durante todas estas décadas: "la guerra mala lo obligó a hacerlo". Entretanto los conservadores invocan frases sobre las "realidades" del combate, en defensa de las "zonas de tiro libre" donde todo hombre, mujer y niño vietnamita era considerado "el enemigo". En lo que a ellos concierne, la única traición de Kerrey fue ocupar posteriormente cargos políticos como demócrata.

Las posturas mojigatas bipartidistas deben hacernos recordar no sólo la enorme cuota de sangre que pagó el pueblo vietnamita para lograr su independencia, sino el ejemplo del Ejército Rebelde durante la batalla de Playa Girón, donde ni un solo prisionero —según el propio testimonio de los invasores— fue sometido a maltratos o abusos ni se le negó comida, agua o atención médica equivalentes a las que tenían a su disposición las tropas cubanas. Lo mismo ocurrió durante los dos años de la guerra revolucionaria en Cuba, donde, a pesar del historial de los salvajes asesinos y torturadores del régimen batistiano, ni un soldado gubernamental capturado por el Ejército Rebelde recibió un trato que no fuera humano y respetuoso.

Lo que decidió el desenlace de Playa Girón, lo mismo que en Vietnam y Argelia, no fue, al fin y al cabo, qué bando tenía mejores armas, sino el carácter de clase de las fuerzas contendientes y los objetivos por los que luchaban. Es lo que los gobernantes norteamericanos no comprendieron ni jamás podrán comprender. Hicieron sus cálculos matemáticos, como dice Che Guevara, a quien se cita en estas páginas, pero no supieron medir la correlación moral de fuerzas. "Siempre se han equivocado con nosotros", concluyó Guevara. "Siempre han llegado tarde".

Aún se equivocan en cuanto a las capacidades del pueblo trabajador, y aún llegan tarde siempre. Y siempre lo harán.

A esa línea de clase respondían cientos de trabajadores y agricultores, y jóvenes en decenas de universidades en Estados

Unidos, durante las recientes conferencias de dos dirigentes ju-
veniles cubanos, Javier Dueñas y Yanelis Martínez. Su reco-
rrido de un mes por Estados Unidos transcurrió mientras se
preparaba el presente libro. Al hablar de las oportunidades y
desafíos que enfrentan los trabajadores y jóvenes de la Cuba
actual, al responder ante lo que vieron y aprendieron sobre la
lucha de clases en Estados Unidos, y al contestar las preguntas
formuladas por doquier sobre el mundo y el futuro que nos
aguarda, estos jóvenes cubanos siempre iban dirigiendo el en-
foque hacia los trabajadores, agricultores y jóvenes comunes y
corrientes que recién comienzan a tomar conciencia política,
tanto en Cuba como en Estados Unidos. Ante todo, los dos cubanos destacaron la capacidad del pueblo trabajador, y de los
jóvenes atraídos a sus luchas, de alcanzar el nivel necesario de
conciencia, disciplina, valentía y solidaridad de clase para poder tomar el control de su propio futuro. Es lo que ha hecho el
pueblo cubano, el ejemplo que ha dado, durante los últimos
cuarenta y pico de años.

"Lo especial no es nunca el material humano", dice el autor
en las páginas que siguen, "sino los tiempos en los que vivimos
y nuestro estado de preparación. Si hemos trabajado juntos de
antemano para construir un partido obrero disciplinado y centralizado —con un programa y una estrategia que impulsan la
marcha histórica de nuestra clase a nivel mundial— entonces
estaremos listos para las nuevas oportunidades en la lucha de
clases cuando estallen de maneras totalmente imprevistas. Estaremos preparados para construir un partido proletario de
masas que pueda enfrentarse a los gobernantes capitalistas en
una lucha revolucionaria y derrotarlos. Esa es la lección más
importante que cada uno de nosotros puede sacar".

Si Washington aún tiene atravesada en la garganta la victoria
del pueblo cubano en Playa Girón unos 40 años más tarde, no
es por algo que sucedió hace mucho tiempo o lejos de aquí. Es
por el presente y el futuro aquí mismo en Estados Unidos, donde, como concluye Jack Barnes en el primer capítulo del libro,
las capacidades revolucionarias de los trabajadores y agriculto-

res las descartan las fuerzas gobernantes "de forma tan rotunda como descartaron las del pueblo trabajador cubano. Y de forma igualmente errada".

De eso se trata *Cuba y la revolución norteamericana que viene.*

Mary-Alice Waters
Mayo de 2001

1961: Año de la Educación

"La Crisis de Octubre fue la continuación del fiasco norte-americano de Girón. El revés que sufrieron en Girón los llevó a asumir el peligro de una guerra atómica. Girón es como una espina atravesada en la garganta, algo que ellos no aceptan todavía. En la guerra se gana o se pierde. Pero ellos no han admitido que han perdido en su esfuerzo de dominar a este país tan pequeño".

General de división Enrique Carreras
Fuerzas Armadas Revolucionarias de Cuba
Octubre de 1997

EL 18 DE ABRIL DE 1961, los lectores de la prensa diaria a lo largo de Estados Unidos amanecieron leyendo titulares de primera plana que proclamaban, "Rebeldes cerca de La Habana. Invaden cuatro provincias". Un despacho de Prensa Asociada (AP) informaba que "fuerzas rebeldes cubanas" habían desembarcado a 38 millas de La Habana y en numerosos puntos más de la isla. Citando un comunicado de prensa del "Consejo Revolucionario Cubano", el despacho afirmaba que gran parte de las milicias había desertado ya al lado de las fuerzas invasoras y

Publicado originalmente en marzo de 2001 en el semanario en inglés *The Militant*, el presente es el prólogo a *Playa Girón/Bahía de Cochinos: Primera derrota militar de Washington en América* por Fidel Castro y José Ramón Fernández.

que "en las próximas horas" se libraría la batalla decisiva por el país. Las fuerzas "rebeldes" habían asumido "control de Isla de Pinos y habían liberado a unos 10 mil presos políticos allí detenidos".

La mayoría de los norteamericanos aceptaron esta versión como cierta, y anticipaban escuchar muy pronto la noticia de que el "dictador procomunista" Fidel Castro había sido derrocado.

Sin embargo, por todo el país, en decenas de ciudades y en unos cuantos recintos universitarios, había pequeños grupos de individuos que sabíamos desde un principio que la versión de AP era mentira de cabo a rabo. Habíamos venido librando una intensa campaña educativa durante varias semanas. Nos estábamos preparando para la invasión que sabíamos que se iba a producir, preparándonos para actuar aquí en el corazón yanqui, junto al pueblo cubano, desde el momento que la lanzaran. Entre el 17 y el 19 de abril, al librarse la batalla en Cuba, llenos de confianza salimos a la calle, organizamos mítines de protesta, en los tableros informativos pegamos artículos subrayados y salimos en la radio afirmando que, al contrario de lo que declaraban todos los informes de la prensa, la invasión organizada y financiada por el gobierno norteamericano no iba ganando sino que estaba siendo derrotada.

Como habíamos hecho durante varios meses, señalamos la inmensa popularidad de la revolución entre el pueblo cubano en respuesta a las medidas que el nuevo gobierno lo organizaba a tomar. Se habían clausurado los antros de juego y prostíbulos manejados por la mafia, una vergüenza nacional. Se había distribuido tierra a más de 100 mil familias campesinas, entre arrendatarios, aparceros y precaristas. Se habían recortado los alquileres de casas y apartamentos, así como las tarifas de electricidad y teléfonos. Se había proscrito la discriminación racial y no sólo se había promulgado la igualdad de acceso a las instalaciones públicas, sino que también se estaba haciendo cumplir. Las playas públicas —de las que antes se excluía a los negros— se habían abierto a todo el mundo. Como parte de una extensión más amplia de la educación pública al campo, entre los pobres y para la mujer, se había lanzado una campaña nacional para eliminar el analfabetismo. Se habían formado milicias populares en las fábricas y demás centros de trabajo, lo mismo que en escuelas, barrios y pueblos por toda la isla, ante las demandas de armas y preparación militar por los cubanos para defender sus nuevas conquistas. Se habían nacionalizado los enormes monopolios estadounidenses extorsionistas, así como las principales propiedades agrícolas, comerciales e industriales de las acaudaladas familias cubanas que habían sido la base social y política de la dictadura batistiana.

Explicábamos que durante más de dos años de movilizaciones populares, los trabajadores y agricultores de Cuba no sólo habían comenzado a transformar su país sino a transformarse a sí mismos. Era ésa precisamente la razón por la que los cubanos podrían luchar —e iban a luchar— hasta la muerte en defensa de su revolución, y vencerían.

Apenas 36 horas después que los primeros artículos de AP habían aparecido en primera plana por todo Estados Unidos, las "fuerzas rebeldes" contrarrevolucionarias —que desembarcaron, no a 38 millas de La Habana ni en Isla de Pinos, sino cerca de Bahía de Cochinos en la costa sur de la isla— habían sido derrotadas de forma aplastante e ignominiosa en Playa Girón por las milicias populares, la Policía Nacional Revolucionaria la Fuerza Aérea Revolucionaria y el Ejército Rebelde de Cuba. No sólo el carácter decisivo, sino también la rapidez de la derrota de abril, fue impresionante. El plan estratégico autorizado por el presidente John F. Kennedy proyectaba que la fuerza mercenaria de 1 500 hombres al menos estableciera y retuviera una cabeza de playa en un tramo aislado del territorio cubano el tiempo suficiente como para declarar un gobierno provisional y solicitar la intervención militar directa de Washington y de sus aliados más cercanos en Latinoamérica.

En Washington, y entre sus defensores en salas de redacción, fábricas y escuelas por todo el país, se comenzó a sentir el choque de la primera derrota militar del imperialismo norteamericano en América. En las semanas subsiguientes, al verterse recriminaciones amargas e interesadas entre los organizadores de la invasión, comenzó a salir más y más información en los principales medios de difusión de Estados Unidos sobre el operativo militar dirigido por Washington, y sobre los antecedentes sociales de los distintos "luchadores por la libertad" cubanos.

A medida que estos hechos se fueron difundiendo, los partidarios de la Revolución Cubana los aprovechamos plenamente para divulgar la verdad, señalar la exactitud de nuestros argumentos de los últimos meses, y subrayar la precisión sobria de los discursos y las declaraciones de los dirigentes de la Revolución Cubana en los dos últimos años.

Por ejemplo, la primera edición de la revista *Time* que apareció tras la victoria cubana reveló que los supuestos autores del comunicado de prensa del Consejo Revolucionario Cubano citado con tanta autoridad por AP —entre ellos personajes tan "prestigiosos" como José Miró Cardona— no sólo no sabían nada del momento escogido para la invasión, sino que el gobierno estadounidense los habían mantenido casi como prisioneros mientras se desarrollaba el operativo. En realidad, el comunicado emitido a nombre suyo lo habían redactado los oficiales de la CIA a cargo de la invasión, al tiempo que a los miembros del gobierno cubano en el exilio —también creado por la CIA— se les mantuvo incomunicados bajo guardia militar en una barraca en la pista aérea desierta de Opa-Locka, cerca de Miami.

El cable de AP y el artículo de *Time* así como la forma en que los usamos formaron parte del intenso debate que ardió en varios recintos universitarios, así como en fábricas, estaciones ferroviarias y otros centros laborales por todo Estados Unidos durante los primeros años de la Revolución Cubana. Fue una batalla propagandística que, de un extremo al otro del país, se convirtió en un enfrentamiento callejero tanto durante los días circundantes a la invasión organizada por Washington en Bahía de Cochinos como un año y medio más tarde durante la crisis "de los misiles" de octubre.

Esta batalla política que comenzó hace más de 40 años cambió la vida de un número nada insignificante de jóvenes en Estados Unidos. Transformó al movimiento comunista aquí de forma paralela a los cambios profundos que se daban en Cuba y en otras partes del mundo. Ningún suceso desde la revolución bolchevique de octubre de 1917 en Rusia ha tenido un impacto semejante.

Hay momentos en la historia cuando todo deja de ser "normal". De repente, la celeridad de los sucesos y la magnitud de lo que está en juego intensifican cada palabra y cada acción. El terreno neutral parece desaparecer. Cambian las alineaciones y se conforman nuevas fuerzas. Se esfuman las gentilezas del debate cortés que normalmente prevalecen en los círculos burgueses, incluso en el seno de la "comunidad académica".

Abril de 1961 —cuando el bombardeo y la invasión a Cuba por parte de mercenarios organizados, financiados y desplegados por Washington se toparon con la resistencia audaz y la victoria relámpago del pueblo cubano— fue uno de esos momentos.

■

En aquella época yo era uno de los organizadores del Comité Pro Trato Justo a Cuba (FPCC) en la universidad de Carleton, una pequeña y muy respetable facultad de artes liberales en Northfield, Minnesota, bastante al sur de las ciudades gemelas de Minneapolis y St. Paul. La valla a la entrada de Northfield daba la bienvenida a los visitantes ofreciéndoles *Cows, Colleges, and Contentment* (Vacas, Universidades y Contento). El estado de contento fue sometido a una dura prueba por el ascenso de la Revolución Cubana y el conflicto histórico e irreconciliable de las fuerzas de clases reflejadas en Bahía de Cochinos. A las vacas les siguió yendo bien.

Las experiencias que vivimos en Carleton no fueron únicas. En uno u otro grado se repitieron en decenas de escuelas y universidades a través de Estados Unidos.

El triunfo de la Revolución Cubana en enero de 1959, combinado con la intensa hostilidad de Washington frente a la transformación económica y social que se obraba tan cerca de las costas de Estados Unidos, hicieron que tres estudiantes de Carleton decidieran visitar Cuba en 1960, los tres en momentos distintos, para verla con sus propios ojos. Yo era uno de ellos, y pasé el verano en Cuba estudiando los cambios económicos que allí se estaban dando. Estas 10 semanas de diaria participación junto a otros jóvenes, y junto a trabajadores y agricultores cubanos, en acciones que constituyeron uno de los hitos más importantes de la revolución, me impactaron de forma profunda. Al retornar para cursar el último año de mi licenciatura, estaba empeñado en encontrar a aquellas personas en Estados Unidos cuya respuesta a lo que sucedía en Cuba se pareciera a la mía. Tenía dos objetivos entrelazados: colaborar con quien fuera posible para oponernos a los intentos de Washington de aplastar a la Revolución Cubana, y hallar entre ellos a los que quisieran organizar su vida con miras a emular aquí el ejemplo sentado por el Ejército Rebelde y el pueblo trabajador de Cuba.

A partir de la primavera de 1960, todo ser político en el mundo sabía que una invasión a Cuba era inminente. Durante meses se difundieron versiones sobre el reclutamiento y las instalaciones de entrenamiento de la CIA en Florida, Luisiana y Guatemala. A pesar de las fuertes presiones del gobierno sobre periodistas y editores, quienes en su mayoría fueron acomodadizos, se llegó a publicar uno que otro artículo. El ministro del exterior de Cuba, Raúl Roa, quien habló por lo menos en tres ocasiones ante organismos de Naciones Unidas, públicamente detalló la envergadura de los preparativos que ya estaban en marcha. Planteó de manera clara e irrefutable que la única cuestión pendiente no era de si se produciría una invasión, sino dónde y cuándo se iba a realizar.

Ante el impacto de las experiencias en Cuba, unos estudiantes en Carleton organizamos un grupo de estudios socialistas para leer y discutir la teoría marxista: desde *La ideología alemana* y otras obras tempranas de Carlos Marx que se acababan de publicar por primera vez en traducciones al inglés, hasta el

Manifiesto Comunista y obras de dirigentes comunistas en Estados Unidos. Organizamos a otros estudiantes para que se suscribieran al semanario *The Militant*, que habíamos empezado a leer estando en Cuba y que era nuestra fuente de información más completa y sistemática, así como la más fiable, sobre la revolución.

Hacia principios de 1961, convencidos de que sólo quedaban semanas antes de la invasión, organizamos un capítulo universitario del Comité Pro Trato Justo a Cuba, y comenzamos a realizar actividades políticas educativas de forma casi incesante, a fin de preparar el terreno para ahondar y ampliar la oposición a los planes de Washington.

El tablero informativo del centro estudiantil pronto se convirtió en un campo de batalla. Todos los días fijábamos recortes con las últimas noticias que aparecían en los diarios y semanarios capitalistas —desde el *Tribune* de Minneapolis hasta *Newsweek*—. Se subrayaban y se les agregaban comentarios para destacar los actos de agresión de Washington contra Cuba y para exponer las falsedades e informaciones contradictorias que emitían las fuentes del gobierno norteamericano. También fijábamos discursos de dirigentes cubanos recortados del *Militant* y afirmábamos sin reservas que su valoración de la respuesta de los gobernantes norteamericanos al avance de la revolución no tardaría en confirmarse. Los que se oponían a la revolución, desde liberales hasta ultraderechistas, respondían pegando artículos que según ellos reforzaban sus opiniones; nosotros respondíamos al día siguiente, utilizando en muchos casos las mismas fuentes para rebatir sus argumentos. Íbamos aprendiendo una valiosa lección sobre la existencia y la eficacia de las campañas de desinformación imperialistas.

Sin embargo, nadie trató de arrancar los recortes o de parar el debate, lo que consideramos como nuestra primera victoria. Habíamos hecho lo que simultáneamente estaban haciendo los comunistas en fábricas y talleres por todo el país: habíamos asumido la ofensiva moral, demostrando que éramos los defensores de Cuba —y no nuestros opositores— quienes insistíamos en los debates, en la franqueza, en la lectura crítica de la prensa y en la discusión de los hechos.

En febrero de 1961 habíamos iniciado una serie de reuniones públicas sobre Cuba. Estos programas estaban auspiciados por Challenge (Desafío), una serie de conferencias que habíamos establecido hacia principios del año escolar tras ganar apoyo del gobierno estudiantil para esta iniciativa. El periódico universitario, el *Carletonian*, describió el programa como destinado a "desafiar las creencias y presuposiciones subyacentes del estudiantado al traer al recinto a 'numerosos individuos inteligentes y comprometidos que sostienen criterios disidentes que el estudiantado de Carleton no suele escuchar'".

Challenge ya había tenido un amplio impacto en la universidad. Organizó debates sobre las operaciones encubiertas de Washington en Laos. La crítica literaria marxista Annette Rubinstein, de la redacción de la revista *Science and Society* (Ciencia y sociedad), había dado una conferencia sobre Shakespeare. Challenge auspició un debate sobre los "disturbios" de mayo de 1960 en San Francisco contra el llamado Comité de la Cámara de Representantes sobre Actividades Anti-Americanas (HUAC). Exhibimos y debatimos *Salt of the Earth* (La sal de la Tierra), una película que estuvo en las listas negras de Hollywood, que trataba de la batalla para sindicalizar en el Sudoeste a los mineros del zinc, en su mayoría mexicanos, frente a la violencia de escuadrones y una feroz campaña de *red-baiting*. Después de la película, un miembro del Sindicato Internacional de Trabajadores de Minas, Plantas y Fundiciones habló sobre su huelga de 1950 y de la batalla que aún estaban librando contra los dueños de las minas. En otro programa sobre los sindicatos —una "institución desconocida" en Carleton en aquellos años— figuró como orador Mark Starr, por muchos años director educativo del sindicato de la costura ILGWU.

Todos estos eventos fueron controvertidos en la universidad. Sin embargo, nada se pudo comparar con lo que estalló en torno a los programas sobre Cuba.

Una carta al director publicada en marzo de 1961 en el *Carle-

tonian reclamó sobre el "trato brusco" que un catedrático invitado supuestamente había recibido de parte de varios estudiantes que lo habían impugnado severamente sobre los hechos en respuesta a declaraciones que hizo sobre Cuba. Él reconoció ante la reunión de Challenge que no era una autoridad en la materia y luego tuvo que admitir al periódico estudiantil que ni siquiera había estado en Cuba.

La semana siguiente, dos miembros del Comité Nacional Pro Trato Justo a Cuba hablaron en el recinto sobre la Revolución Cubana y la lucha por los derechos de los negros que se iba profundizando por todo Estados Unidos. Uno de ellos era Robert F. Williams, miembro fundador del Comité Pro Trato Justo a Cuba, a quien dos años atrás los altos funcionarios de la organización pro derechos civiles NAACP habían destituido de la presidencia del capítulo en Monroe, Carolina del Norte, por organizar a otros veteranos de guerra negros para la autodefensa de su comunidad contra los escuadrones nocturnos y otros matones racistas. El otro orador era Ed Shaw, organizador del Comité Pro Trato Justo en el Medio Oeste, quien era cajista y miembro del Sindicato Internacional Tipográfico en Detroit, así como uno de los dirigentes del Partido Socialista de los Trabajadores. Esa reunión tuvo un gran impacto en la universidad. Ante todo, lo que nos impresionó fue que tanto Williams como Shaw hablaron sobre la lucha por los derechos de los negros y sobre la Revolución Cubana con la misma soltura y perspicacia.

La semana siguiente, cuatro estudiantes de Carleton que habían visitado o vivido en Cuba —tres de ellos organizadores del Comité Pro Trato Justo a Cuba en el recinto— presentaron diapositivas y debatieron los puntos controvertidos.

Organizamos esfuerzos para asegurar que todas las ediciones del *Carletonian* publicaran artículos, cartas, caricaturas y otros comentarios que formaban parte del debate creciente sobre la Revolución Cubana entre estudiantes y catedráticos. Jim Gilbert, un partidario del Comité Pro Trato Justo que había visitado Cuba durante el receso navideño a fines de 1960, escribió un artículo amplio donde describió sus experiencias y observaciones sobre los logros sociales y políticos del pueblo cubano. Por casualidad, Gilbert había visitado Playa Girón, donde el gobierno revolucionario estaba concentrando esfuerzos de desarrollo que ya habían comenzado a transformar las condiciones de vida y de trabajo de los habitantes empobrecidos de la Ciénaga de Zapata, antes una de las regiones más aisladas y atrasadas del país. No teníamos idea, en aquel entonces, del significado especial que Playa Girón tendría en cuestión de semanas, no sólo para el pueblo cubano sino para la labor de los partidarios de la Revolución Cubana.

El debate que se desataba en Carleton, igual que en otras partes, se vio afectado de forma profunda a principios de 1961 al saberse del asesinato de jóvenes alfabetizadores en Cuba por bandas contrarrevolucionarias armadas y financiadas por la CIA en áreas remotas de la isla. Los sermones de los opositores liberales de la revolución acerca de la necesidad de escuchar ambos lados del conflicto parecía brutalmente hipócrita junto a las fotos de adolescentes cubanos que habían sido linchados por el crimen de enseñar a familias campesinas a leer y escribir. O por el crimen de vestir el uniforme de miliciano cuando, desarmados, caminaban a casa por la noche.

Los partidarios de la revolución también pusieron de relieve el trato injusto y brutal dado en Estados Unidos a los cubanos que apoyaban la revolución. Apenas unos días antes de la invasión de Bahía de Cochinos, Francisco Molina, un trabajador cubano desempleado, que respaldaba la revolución, fue declarado culpable en Nueva York de cargos de homicidio en segundo grado. El *Carletonian* publicó la historia de lo que pasó. Tras fabricarle cargos, a Molina lo habían declarado culpable de homicidio por la muerte accidental de una niña venezolana durante una riña, provocada por un ataque de contrarrevolucionarios cubanos, que se desató en un restaurante neoyorquino durante la visita del primer ministro Fidel Castro, en septiembre de 1960, para dirigirse a la Asamblea General de Naciones Unidas. Por razones de "seguridad nacional", el juez no permitió que los abogados defensores de Molina intentaran averiguar la identidad y otra información pertinente acerca de los contrarrevolucionarios involucrados en el incidente. Mientras la prensa respetable ponía el grito en el cielo sobre la falta de justicia en Cuba, el carácter de clase de la "justicia" en Estados Unidos no nos lo podían demostrar de forma más clara.

Durante esas mismas semanas, se desató una lucha importante que involucraba a fuerzas mucho más grandes que las de Carleton en torno al reconocimiento del Comité Pro Trato Justo a Cuba en la universidad. A principios de febrero la asociación del gobierno estudiantil aprobó, por una mayoría de dos tercios, una solicitud del capítulo del FPCC en la universidad para obtener el reconocimiento como organización. Una minoría ruidosa objetó, arguyendo que un grupo que abiertamente se dedicaba a "la diseminación de material, tanto hechos como opiniones, sobre asuntos contemporáneos cubano-norteamericanos" y a establecer "un entendimiento más amplio de las relaciones cubano-norteamericanas" no podía ser una organización universitaria legítima puesto que, alegaban, el FPCC era "vulnerable a la influencia comunista". En la edición siguiente del periódico universitario apareció una caricatura que satirizaba los alegatos derechistas; en ella se mostraba a Nikita Jruschov, Mao Zedong y Fidel Castro parados detrás del director del *Carletonian*, John Miller, y diciendo entre risas, "Bueno, muchachos, ¿qué vamos a poner en el *Carletonian* la semana que viene?"

Aun así, el gran voto mayoritario de la asociación del gobierno estudiantil tampoco resolvió la cuestión. Una reunión del claustro también tenía que aprobar los estatutos de todas las organizaciones estudiantiles antes de que se les aceptara, normalmente una formalidad luego de una recomendación favorable del gobierno estudiantil. Después de estancarlo por un mes con tecnicismos, la reunión del claustro discutió a mediados de marzo la solicitud del FPCC, junto a una carta de tres estudiantes que objetaban la aprobación del capítulo universitario. Adjuntos a la carta iban extractos de los documentos del Subcomité Senatorial sobre Seguridad Interna, presidido por los senadores demócratas James Eastland de Misisipí y Thomas Dodd de Connecticut. En esos momentos el comité realizaba una audiencia al estilo de caza de brujas sobre la "influencia comunista" en el Comité Pro Trato Justo a Cuba. El decano de la universidad Richard Gilman dijo al claustro, reunido a puertas cerradas, "que tenía información que dice que el Partido Socialista de los Trabajadores tiene un interés especial y partidista en el Comité Pro Trato Justo a Cuba: lo están usando para sus propios fines". Según el *Carletonian*, "Gilman reconoció que tal información presentada no eran pruebas documentadas sino que era la 'opinión' de dos fuentes", cuya indentidad rehusó revelar por la "naturaleza de la información y las fuentes".

El periódico universitario informó sobre el rechazo de una solicitud de los organizadores del comité para que se les presentara al menos "un incidente documentado que indique el uso del FPCC por otro grupo político para fines que no sean los enumerados en sus estatutos". Se rechazó también una solicitud de que se les facilitara la identidad de al menos una de las supuestas "fuentes" para que pudieran "confrontar a quienes acusaban al comité" y así corroborar o refutar sus "opiniones".

Unos días antes del voto del claustro sobre el reconocimiento del comité, Gilman me pidió que pasara por su oficina. Me dio copias de páginas expurgadas de un archivo del FBI sobre el Comité Pro Trato Justo a Cuba, que contenían informes de soplones sobre las reuniones del comité en Minneapolis, incluidos comentarios confusos que se les atribuían a individuos identificados como miembros del Partido Socialista de los Trabajadores. Cuando el decano me preguntó si reconocía a alguno de los nombres, le aseguré que sí, y que varios de ellos eran mis camaradas. Eran miembros del partido al que pronto me iba a unir. También le afirmé que los conocía lo suficiente como para asegurarle que ellos no podían haber hecho el tipo de comentarios que les atribuían los soplones apolíticos del FBI.

"Eso realmente no cambia nada, ¿verdad, Jack?" fue la única

respuesta de Gilman. Fue una reunión muy corta. No importaban los hechos ni el contenido, sino la acusación. O, más bien, la amenaza implícita en la acusación. Ese era el mensaje. Este era el método probado de caza de brujas, elaborado durante el gobierno de guerra de Franklin Roosevelt, cuyo uso amplió Harry Truman y que después perfeccionaron durante más de un lustro a fines de los años cuarenta y comienzos de los cincuenta Richard Nixon, Joseph McCarthy y otros de su calaña. Era un método todavía muy usado en 1961. "X" y "Y" eran conocidos miembros del Partido Socialista de los Trabajadores, una organización comunista; y el Partido Socialista de los Trabajadores estaba en la Lista del Procurador General de Organizaciones Comunistas o Subversivas: en aquellos días, a menudo eso bastaba para acabar la discusión.

A pesar de todo, Gilman no estaba lo suficientemente seguro de obtener una mayoría como para permitir un voto del claustro sobre el reconocimiento del Comité Pro Trato Justo a Cuba. El 11 de marzo el claustro aceptó la recomendación del decano de no tomar una decisión sobre la propuesta del gobierno estudiantil, hasta que se aclararan algunas cuestiones sobre las que él aguardaba "más información". Todos captaron el mensaje. El año escolar estaba por terminar, y los principales dirigentes del comité estaban en su último año. El decano y otros esperaban que su "problema" quedaría eliminado antes de que empezara el próximo año académico.

Pero las guerras expresan una agudización, no una distensión, de la lucha de clases. Lejos de desaparecer, su "problema" estaba a punto de empeorarse.

◼

Con los bombardeos de los aeropuertos cubanos del 15 de abril; la movilización de masas del 16 de abril que marcó el carácter socialista de la revolución, y que preparó políticamente al pueblo cubano para la inminente agresión; y con el desembarco de fuerzas mercenarias el 17 de abril en Bahía de Cochinos, seguido por su aplastante derrota en menos de tres días —todo documentado por Fidel Castro y José Ramón Fernández en las páginas que siguen— todo dejó de ser normal. Una de las rutinas de la vida universitaria en Carleton era la lectura de los despachos noticiosos del día durante la hora del almuerzo. En el comedor de cada dormitorio, cuando los estudiantes camareros que trabajaban para cubrir sus becas servían el almuerzo, el camarero principal solía leer un puñado de los despachos matutinos de la agencia noticiosa United Press International. El servicio de teletipo de la UPI se lo facilitaba gratuitamente a la radioemisora universitaria la empresa de cigarrillos Lucky Strike, a condición de que la Lucky Strike fuera identificada como patrocinadora de todos los programas noticiosos. Y así se hacía. Salvo cuando el "Zorro Dormilón", locutor del programa matutino de música para despertarse y de noticias, a veces anunciaba que el patrocinador era una marca popular de habanos cubanos. También preparaba a los estudiantes para el día, comenzando el programa con el *Himno del 26 de Julio*, un antídoto contra *Barras y estrellas*, con que las estaciones de radio y televisión en Estados Unidos iniciaban y cerraban cada transmisión.

El lunes 17 de abril cambió el estilo seco y ligeramente cínico de la lectura de noticias del almuerzo. Los derechistas, ya con los ánimos un tanto caldeados, de inmediato acogieron los informes iniciales del ataque contra Cuba coreando rítmicamente "¡Guerra! ¡Guerra! ¡Guerra!" La rapidez de la transformación, y la violencia incipiente que apenas se escondía debajo de la superficie del "debate político", era algo que ninguno de nosotros había visto antes.

Tres días después, para quienes habían encabezado las consignas sucedió lo inimaginable. Casi se podían ver crecer las filas de los partidarios del Comité Pro Trato Justo a Cuba conforme los lectores de noticias leían con voz inexpresiva los despachos de UPI que anunciaban la derrota absoluta de las fuerzas mercenarias en "Cochinos Bay". Nos sorprendimos al ver cómo algunos trabajadores, instructores y estudiantes de la universidad, a quienes apenas conocíamos —y quienes habían mantenido el rostro impasible durante los tres días anteriores— se nos acercaban con un apretón de manos o una sonrisa para decir una frase amistosa, aun si no mencionaban abiertamente a Cuba.

1961 fue en Cuba el "Año de la Educación", cuando más de 100 mil jóvenes, la gran mayoría adolescentes, dejaron sus hogares y se esparcieron por todo el país para erradicar el analfabetismo de Cuba antes del fin del año. De formas inesperadas, 1961 fue también nuestro año de la educación.

Una de las lecciones más grandes que aprendimos tuvo que ver con lo que sucede en un país imperialista cuando se desata la guerra.

El 17 de abril, en cuestión de horas, el amplio e indeciso sector del centro se había visto reducido a un núcleo sin voz. Los meses de acción política concentrada, en preparación para la batalla inevitable, encajaron bien en unos pocos días decisivos. Los organizadores comprometidos del Comité Pro Trato Justo a Cuba en Carleton habían sido menos de media docena a principios de 1961. Pero ahora se cosechaban los frutos de las semanas de educar, hacer trabajo propagandístico, escribir, conversar, proponer y organizar debates políticos abiertos, y responder a los retos de cada opositor sobre cada tema. En momentos en que los trabajadores y campesinos de Cuba le asestaban una derrota aplastante al imperialismo estadounidense, el apoyo a las posiciones políticas que habíamos estado defendiendo creció de forma explosiva. Pero sólo porque estábamos allí, estábamos preparados y estábamos listos a responder.

La polarización violenta y aguda que ocurrió cuando se dieron los primeros disparos nos brindó otra gran lección. Como opositores de la invasión auspiciada por Washington, estuvimos en la calle en cuestión de horas. Pero allí estuvieron también los cuadros ultraderechistas de los Jóvenes Americanos Pro Libertad (YAF), quienes se movilizaron para tratar de impedir físicamente que se realizaran acciones del Comité Pro Trato Justo a Cuba.

En la escalinata del centro estudiantil de la Universidad de

Minnesota el 18 de abril, donde el Comité Pro Trato Justo a Cuba había organizado un mitin de protesta, una multitud mayoritariamente hostil de varios cientos de personas creció a más de mil al tiempo que los derechistas arrojaban bolas de nieve y cartones de leche contra los oradores, mientras los policías se sonreían. Ante una situación en que los organizadores del evento, en su mayoría pacifistas y liberales, no estaban preparados para defender el mitin, John Greenagle, presidente estatal de YAF, se subió a la tarima a la fuerza y deploró la derrota de Batista, mientras unos cuantos estudiantes apelaban a la "tolerancia" y al "diálogo". Hasta uno de los que se había proyectado como orador en contra de la invasión se apresuró a distanciarse de la Revolución Cubana, gimiendo, "No apoyamos a Castro. El pueblo cubano se encuentra nuevamente bajo la bota de un dictador, ¿pero es acaso una invasión apoyada por Estados Unidos la forma de ayudarlos? ¿Es esta fuerza armada mejor que Batista o que Castro?"

A la mañana siguiente, frente al edificio de química habían colgado una efigie del "comunista" Comité Pro Trato Justo a Cuba.

En otros centros de estudios en Estados Unidos ocurrieron enfrentamientos similares, desde Madison, Wisconsin, hasta Providence, Rhode Island.

Aprendimos en la práctica lo que Batista y la Revolución Cubana nos habían enseñado a distancia: que también en Estados Unidos tendríamos que derrotar en las calles a los matones reaccionarios, para tener incluso el derecho de dar a conocer nuestras posiciones.

También aprendimos una lección sobre el liberalismo, cuando la mayoría de nuestros amigos entre los catedráticos se callaron o se ausentaron, en vez de hacerle frente a un decano (y encima, uno reservado y tolerante) que de repente les agitaba en la cara la lista del procurador general e informes de soplones del FBI. En realidad, fue un par de conocidos catedráticos conservadores quienes resultaron ser más firmes en su defensa de nuestros derechos que la mayoría de sus colegas liberales.

Vimos a aliados estudiantiles —que antes habían sido firmes

defensores de la Revolución Cubana, o por lo menos del derecho del FPCC a funcionar como las demás organizaciones universitarias— que de pronto se acobardaban; estaban descubriendo que sus proyectos de carreras futuras eran incompatibles con la continua asociación a amigos que se estaban volviendo comunistas. En cuestión de días, otros tomaron la decisión opuesta respecto a sus vidas.

Nuestra comprensión de estas cuestiones de clase se aceleró enormemente por el hecho de que estábamos compartiendo nuestras experiencias día a día, a la vez que hablábamos acerca de ellas hasta horas de la madrugada, con trabajadores comunistas en Minneapolis y St. Paul. Eran personas como V.R. Dunne, quien había sido miembro de la Internacional Comunista desde su fundación en 1919, uno de los dirigentes de las huelgas y campañas de sindicalización del sindicato de camioneros Teamsters al norte del Medio Oeste durante la década de 1930, y una de las primeras víctimas de un caso fabricado por el gobierno federal bajo la infame ley Smith, o Ley de la "Mordaza", por su oposición al imperialismo estadounidense antes y durante la Segunda Guerra Mundial.

Estos trabajadores nos orientaron hacia la historia de la lucha de clases en Estados Unidos, hacia las lecciones que necesitábamos aprender de los trabajadores y agricultores cuyo legado combativo habíamos heredado aquí. Se basaban en esta rica historia al ayudarnos a entender para lo que debíamos prepararnos con miras a enfrentar a la clase gobernante más violenta y brutal en el mundo.

Ante todo, nos enseñaron a aquellos que, como ellos mismos, nos sentíamos fuerte y apasionadamente atraídos al ejemplo sentado por los combativos trabajadores y campesinos de Cuba, que el desafío —para nosotros— no se encontraba allá. Los trabajadores y agricultores de Cuba habían demostrado que podían resolver sus propios asuntos. Nos ayudaron a ver que nuestra lucha estaba en Estados Unidos. Que Washington, para parafrasear al general de división cubano Enrique Carreras, jamás se podría sacar esa espina de la garganta.

Trabajadores como Dunne y otros más nos ayudaron a ver que la contienda únicamente terminaría con la derrota de la revolución en Cuba o con una victoriosa revolución socialista en Estados Unidos.

"Y algo sí podemos comunicarle al señor Kennedy", dijo Fidel Castro ante las ovaciones de una multitud en Cuba el 13 de marzo de ese año. "Que primero verá una revolución victoriosa en los Estados Unidos, que una contrarrevolución victoriosa en Cuba". Esa había llegado a ser también nuestra convicción. Por increíble que esto le resultara al norteamericano medio, para nosotros se había hecho patente que era la única perspectiva *realista*, y nos dedicamos a apresurar la llegada de ese día.

Los intercambios constantes entre los nuevos activistas jóvenes, que en su mayoría estaban en las universidades, y los trabajadores comunistas cuyas experiencias en el trabajo y en los sindicatos durante esos días eran paralelas a las nuestras al atravesar los mismos cambios políticos acelerados, ayudaron a ahondar nuestro entendimiento de lo que estábamos viviendo. Nuestros compañeros que trabajaban en los ferrocarriles contaban que recibían una respuesta amistosa de compañeros de trabajo al decir la verdad acerca de Cuba, de la misma manera que nosotros nos sentíamos alentados de muchas formas indirectas por aquellas personas en la universidad que, aunque no nos habíamos percatado, venían siguiendo de cerca lo que decíamos y hacíamos.

Llegamos a apreciar el hecho que todo dependía en haber hecho el trabajo político de antemano. Aprendimos por experiencia propia lo peligrosamente errados y afectados por los prejuicios de clase que eran los temores y las reacciones semihistéricas de muchos de nuestros colegas basados en las universidades. La causa de la reacción no eran los "trabajadores norteamericanos retrógrados" sino la clase dominante estadounidense y los semihistéricos sectores de clase media que le servían como su correa de transmisión. El peligro provenía también de aquellos que, lo admitiesen o no, habían emprendido una vida encaminada a disimular las acciones rapaces y brutales de la clase dominante, a desviar la atención de ellas y a justificarlas políticamente. La batalla que enfrentábamos era ante todo una batalla política en el seno de la clase trabajadora, como parte de la clase trabajadora.

■

A medida que los trabajadores y agricultores cubanos impulsaban su revolución socialista y que aumentaba la agresión estadounidense en reacción a sus logros, las lecciones transformaban también la forma en que veíamos las batallas por los derechos de los negros en Estados Unidos. La lucha proletaria de masas por derrocar el sistema Jim Crow de segregación racial establecido por ley en todo el Sur, con sus diversas formas de discriminación que se extendían por todo el país, marchaba hacia sangrientas victorias a la vez que avanzaba la Revolución Cubana. Podíamos constatar en la práctica que dentro de Estados Unidos existían fuerzas sociales poderosas capaces de llevar a cabo una transformación social revolucionaria como la que el pueblo trabajador de Cuba estaba haciendo realidad.

El núcleo de los activistas que defendían la Revolución Cubana eran jóvenes que en lo político habían echado los dientes en las batallas por los derechos civiles, apoyando las sentadas en los comedores de Woolworth y uniéndose o apoyando marchas y otras protestas en Alabama, Georgia, Misisipí y otras partes del Sur.

Los numerosos rostros de la reacción —con capuchas del Ku Klux Klan algunos, protegidos tras uniformes de sheriff y chaquetas del FBI otros—; los linchamientos y los asesinatos en carreteras rurales aisladas; los perros y los cañones de agua con que atacaban a los manifestantes: todo esto se quedó grabado en nuestra conciencia, como parte de las lecciones que estábamos aprendiendo sobre la violencia y la brutalidad de la clase dominante y hasta qué extremos van a llegar a fin de defender su propiedad y sus privilegios.

Y también estábamos aprendiendo lecciones de la autodefensa armada organizada por veteranos negros en Monroe, Carolina del Norte, y en otras partes del Sur. Inmediatamente después de la derrota de Washington en Bahía de Cochinos, durante un debate en el Comité Político de la Asamblea General de Naciones Unidas, el ministro del exterior cubano Raúl Roa leyó un mensaje que el antiguo presidente de la NAACP en Monroe, Robert F. Williams, le había pedido que transmitiera al gobierno de Estados Unidos.

"Ahora que Estados Unidos ha proclamado su apoyo militar a pueblos dispuestos a rebelarse contra la opresión", escribió Williams, "los negros oprimidos en el Sur pedimos urgentemente tanques, artillería, bombas, dinero, el uso de pistas aéreas y mercenarios blancos estadounidenses para aplastar a tiranos racistas que han traicionado la Revolución Norteamericana y la Guerra Civil".

Pronto llegamos a comprender que la violencia legal y extralegal dirigida contra aquellos que luchaban por sus derechos y dignidad como seres humanos aquí en Estados Unidos eran lo mismo que la creciente agresión abierta y encubierta desatada contra el pueblo de Cuba. Situamos la lucha por los derechos de los negros en el marco mundial. Para nosotros llegó a ser una lucha completamente entrelazada con lo que estaba en juego en la defensa de la Revolución Cubana.

Esto se manifestó sobre todo en la convergencia de la Revolución Cubana y Malcolm X, cuya voz de lucha revolucionaria intransigente —por los medios que fuesen necesarios— se hacía escuchar más y más en ese entonces. Malcolm dio la bienvenida a Fidel Castro al Hotel Theresa en Harlem durante el viaje de la delegación cubana a Naciones Unidas en 1960. Malcolm invitó a Che Guevara a hablar ante una reunión de la Organización de la Unidad Afro-Americana durante el viaje que Che realizó a Nueva York en 1964.

Para nosotros, estas y otras expresiones del creciente respeto y solidaridad mutuos que caracterizaron las relaciones entre

"**Llegamos a comprender que la violencia legal y extralegal dirigida contra aquellos que luchaban por sus derechos y dignidad como seres humanos aquí en Estados Unidos era lo mismo que la creciente agresión desatada contra el pueblo de Cuba. Para nosotros, la lucha por los derechos de los negros llegó a ser una lucha completamente entrelazada con lo que estaba en juego en la defensa de la Revolución Cubana**".

Arriba: Jóvenes manifestantes protestan contra la muerte de Timothy Thomas, de 19 años, a manos de la policía, Cincinnati, Ohio, abril de 2001. **Abajo:** Una residente del área explica los hechos en torno a la muerte a los jóvenes dirigentes cubanos Yanelis Martínez y Javier Dueñas (ambos a la derecha) en el sitio donde ocurrió el acribillamiento.

Malcolm X y la dirección cubana confirmaron aún más la óptica mundial que nos íbamos formando.

■

Las protestas en abril de 1961 contra la invasión de Cuba organizada por Washington —realizadas en decenas de ciudades por todo Estados Unidos, así como en numerosos pueblos universitarios pequeños— marcaron un momento importante en la política estadounidense también en otro aspecto.

En muchas ciudades —por primera vez en décadas— fueron actividades de frente único, convocadas bajo la bandera del Comité Pro Trato Justo a Cuba y organizadas tanto por aquellos que se identificaban con el periódico *The Militant* como por los que buscaban la orientación del *Daily Worker*, periódico del Partido Comunista. Representantes de cada una de estas corrientes históricas en el movimiento obrero amplio se sumaron a oradores del Movimiento 26 de Julio y a figuras conocidas que no estaban afiliadas a ninguna corriente en tribunas organizadas desde Nueva York hasta Detroit, desde Minneapolis hasta San Francisco. Las acciones fueron prueba tanto del impacto de la Revolución Cubana como del liderazgo del Movimiento 26 de Julio.

Las posibilidades de organizar acciones unitarias habían recibido un impulso durante el verano de 1960, cuando decenas de jóvenes de Estados Unidos, tanto afiliados como no afiliados, habíamos viajado a Cuba. Muchos participamos en la celebración del 26 de julio en la Sierra Maestra y asistimos al Primer Congreso Latinoamericano de Juventudes, celebrado en La Habana. Participamos en el amplio debate político entre jóvenes de toda América y del mundo, esforzándonos por comprender la impetuosa lucha de la que formábamos parte y examinar las cuestiones que Che Guevara había abordado en su discurso de apertura al congreso juvenil, cuando preguntó: "¿Es la Revolución Cubana comunista?"

La respuesta que dio Guevara planteó los temas que todos veníamos debatiendo. "Después de las consabidas explicaciones para averiguar qué es comunismo, y dejando de lado las acusaciones manidas del imperialismo, de los poderes coloniales, que lo confunden todo", respondió Guevara, "vendríamos a caer en que esta revolución, en caso de ser marxista —y escúchese bien que digo marxista—, sería porque descubrió también, por sus métodos, los caminos que señalara Marx".

La explicación de Guevara coincidió bien con las conclusiones a las que a tientas me iba aproximando aquel verano decisivo, cuando todas las principales industrias de propiedad imperialista en Cuba se nacionalizaron mediante movilizaciones masivas del pueblo trabajador, de un extremo de la isla al otro.

Sin embargo, la óptica de Guevara estaba lejos de gozar de unanimidad en Cuba o entre los jóvenes de toda América que en tropel habíamos ido a Cuba. Allá pasamos muchas y largas horas debatiendo los temas políticos y teóricos que se planteaban.

A pesar de haber fuertes diferencias políticas sobre la dinámica de la revolución en Cuba y la política de clases en Estados Unidos, el hecho que diversas corrientes pudieran juntarse en acciones contra el gobierno norteamericano, aunque fuera de forma breve, demostraba el peso de la Revolución Cubana en las Américas, y hasta qué punto daba paso a la ruptura de viejos moldes y al cambio de fuerzas que por muchos años había dominado lo que de manera amplia se consideraba la "izquierda".

■

Por otra parte, los Comités Pro Trato Justo a Cuba en los recintos universitarios y las acciones en respuesta a la invasión por Bahía de Cochinos patrocinada por Washington asestaron uno de los primeros golpes contra la caza de brujas y el *redbaiting* anticomunistas. Según ilustraba el ejemplo de Carleton, las audiencias del Subcomité Senatorial sobre Seguridad Interna, cuyo objetivo era dividir y destruir la eficacia del FPCC, no lograron tener el mismo efecto entre los estudiantes del que habrían tenido varios años antes.

Durante estos mismos meses de actividad política intensa en defensa de Cuba, se habían multiplicado por todo el país los Comités por la Abolición de HUAC, el Comité de la Cámara de Representantes sobre Actividades Anti-Americanas. El 21 de abril, un día después de la concentración de 5 mil personas en la plaza Union Square en Nueva York para condenar la invasión de Cuba, concurrió en la ciudad un número similar de personas para un mitin contra HUAC para denunciar la detención inminente de varios destacados activistas por las libertades y los derechos civiles por negarse a cooperar con el comité de la Cámara.

La convicción de los estudiantes, en particular, de que los gobernantes estadounidenses mentían acerca del pleno control de Washington sobre la invasión y otras acciones contra Cuba iba acompañada de su rechazo a los métodos de caza de brujas empleados por el gobierno. La predisposición a buscar la verdad sobre Cuba era incompatible con la creencia de que no se debían escuchar las opiniones de una persona por el solo hecho de que fuese comunista o que se le tildara de comunista.

Como preludio de lo que sucedería en los primeros años del movimiento contra la guerra de Vietnam a mediados y fines de la década de 1960, las maniobras de caza de brujas por parte de estudiantes y catedráticos derechistas, lejos de paralizar los esfuerzos organizativos, fueron objeto de burlas y desprecio. La mayoría de los estudiantes que adquirían conciencia política simplemente rehusaban apoyar los intentos de excluir del Comité Pro Trato Justo a Cuba a los miembros y partidarios del Partido Socialista de los Trabajadores, del Partido Comunista o de cualquier otro grupo.

■

La victoria de Playa Girón desbarató el mito de la invencibilidad del imperialismo estadounidense. Nos infundió la convicción de que la Revolución Cubana sería parte integral de la lucha de clases dentro de Estados Unidos mientras la clase trabajadora estuviera en el poder en Cuba, y nos habíamos convencido de que ésta sería la realidad por el resto de nuestras vidas. Los gobernantes norteamericanos jamás podrían aceptar a Cuba revolucionaria y jamás cejarían en sus intentos de eliminar la revolución y su ejemplo. Estaban en juego sus intereses más vitales. Esa era la verdad que teníamos que hacerle llegar al pueblo trabajador en Estados Unidos y que debía orientar nuestra acción.

Días después de la derrota de Bahía de Cochinos, el presidente Kennedy arreció las operaciones encubiertas contra Cuba y comenzó a organizar directamente desde la Casa Blanca, de forma aún más extensa, misiones de sabotaje, intentos de asesinato y preparativos militares para una invasión estadounidense. Por aquel entonces no teníamos idea de la envergadura de esas operaciones, ni que apenas año y medio más tarde la administración las llevaría al borde mismo de desatar una guerra nuclear. Pero sí sabíamos que Fidel Castro había expresado una verdad al pueblo de Cuba y al mundo en su informe del 23 de abril sobre la victoria en Playa Girón, cuando destacó que la victoria "no quiere decir, ni mucho menos, que el peligro haya pasado. Nosotros creemos que el peligro ahora es grande; sobre todo, es grande el peligro de una agresión directa de Estados Unidos".

La victoria del pueblo trabajador cubano en Playa Girón, junto con la experiencia concentrada de lucha de clases que habíamos adquirido en unos pocos meses de actividad intensa, nos habían transformado, en cuestión de días, a un grupo de jóvenes para el resto de nuestras vidas. Antes de Bahía de Cochinos había un solo miembro de la Alianza de la Juventud Socialista en la universidad de Carleton, yo, y otro miembro en la Universidad de Minnesota, John Chelstrom, un estudiante de primer año de 18 años de edad, quien, cuando todo mundo se quedó paralizado ante la multitud rabiosamente hostil, supo echar a andar el mitin de protesta en la escalinata del centro estudiantil, y no sólo se opuso a la invasión sino que abiertamente se identificó con la Revolución Cubana.

Entre aquellos días de política concentrada y las experiencias similares vividas durante la crisis "de los misiles" de octubre de 1962, reclutamos a decenas de jóvenes al movimiento comunista, a muchos de ellos no sólo por unos meses o años, sino de por vida. En la universidad de Carleton, durante ese breve espacio, entre esos reclutas hubo más de una decena que posteriormente fueron dirigentes del movimiento comunista—oficiales nacionales de la Alianza de la Juventud Socialista, oficiales nacionales y miembros del Comité Nacional del Partido Socialista de los Trabajadores, directores del *Young Socialist*, del *Militant* y de *New International*, dirigentes del trabajo del movimiento en los sindicatos industriales, y dirigentes de un sinnúmero de comités de defensa y coaliciones, directores de la editorial Pathfinder, individuos que hasta la fecha siguen comprometidos con el movimiento comunista y se mantienen activos guiados por la trayectoria política a la que fueron captados en aquellos días decisivos. ¡Efectivamente, 40 años después, la gran mayoría de ellos formó parte del proceso de publicar el presente libro!

A través de esas experiencias hace cuatro décadas, no se nos captó fundamentalmente a una posición ideológica o incluso a una actitud moral, sino a un curso de conducta política y, más importante aún, a los hábitos que son consecuentes con dicho curso. Con sentido de la historia, nos alistamos hasta lo que durara, reconociendo que la lucha revolucionaria por el poder, si bien es una lucha internacional, se puede librar únicamente de país en país, y que posiblemente la victoria más grata de todas se dé en Estados Unidos. Para nosotros, lo que habían conquistado los trabajadores y campesinos cubanos constituía en nuestras vidas políticas un ejemplo de la necesidad y la posibilidad de la revolución, de cómo pelear para triunfar, de la capacidad de seres humanos comunes y corrientes para transformarse a la vez que enfrentan desafíos y asumen responsabilidades que antes habrían considerado imposibles.

Nosotros y millones más como nosotros seríamos los únicos capaces de quitarles "la espina". Para hacerlo tendríamos que seguir el ejemplo del Ejército Rebelde en Cuba, cuya lucha culminó en una insurrección nacional en 1959 y que poco después estableció un gobierno de trabajadores y agricultores. Tendríamos que seguir el ejemplo que las milicias, la policía y el ejército revolucionarios habían dado al aplastar la invasión en Bahía de Cochinos.

■

Las páginas que siguen no son solamente una celebración de la victoria en Playa Girón con motivo de su 40 aniversario. Más bien, con palabras claras e inequívocas, estas páginas dan también fiel constancia de las conquistas históricas allí logradas.

El testimonio ofrecido por José Ramón Fernández en julio de 1999 deriva su fuerza inusual no sólo de su carácter como relato testimonial del jefe de la principal columna que combatió y derrotó la invasión organizada por Washington, sino también del hecho que utiliza las principales versiones publicadas por quienes reclutaron, entrenaron y comandaron a las fuerzas enemigas. Él señala no sólo lo que la dirección revolucionaria de Cuba sabía e hizo en aquel momento, garantizando la victoria decisiva en Playa Girón. Fernández también cita los criterios y las opiniones —ofrecidos en mapas y tablas— que emitieron las fuerzas mercenarias mismas, así como los balances trazados por altos funcionarios de la CIA durante los meses y años posteriores a su derrota totalmente inesperada.

Los tres discursos del Comandante en Jefe de Cuba Fidel Castro, de los que aquí se reproducen extractos, captan la intensidad del momento, lo que estaba en juego para el pueblo de Cuba, y su confianza en la victoria final. Lo mismo se expresa en los llamados al combate del 15 de abril de Raúl Castro y de Che Guevara, y en los partes de guerra emitidos por el gobierno revolucionario entre el 17 de abril y la victoria del 19 de abril. La confianza que caracteriza a cada uno de ellos se desprende, no de una creencia infundada en la invencibilidad militar, sino del reconocimiento de que la historia y la justicia están a su favor, y de que el precio que el imperio habrá de pagar para conquistarles es tan elevado que ningún político capitalista será capaz de hacerlo ni estará dispuesto a intentarlo.

Los gobernantes estadounidenses y los que siguen su pauta aún no pueden comprender, incluso hoy día, lo que Fidel Castro recalcó en su informe del 23 de abril al pueblo cubano sobre la victoria en Playa Girón, y lo que José Ramón Fernández subraya en su testimonio: que la estrategia y las tácticas militares de quienes planearon la invasión por Bahía de Cochinos estaban bien fundadas; la derrota radicó en su ceguera de clase ante lo que habían forjado los hombres y mujeres de Cuba, ante la fuerza *objetiva* de una causa justa y de un pueblo armado y revolucionario que está comprometido a defenderla y a actuar con la firmeza y presteza necesarias para afectar la marcha de la historia.

Las fuerzas invasoras perdieron la voluntad de combatir antes de que se les agotaran las balas. Durante tres días de batalla, ni siquiera pudieron avanzar más allá de la playa, y aún con más apoyo aéreo o naval estadounidense no se habría alterado el desenlace final.

Lo que es más importante, para los que vivimos y trabajamos en Estados Unidos, este libro es sobre el futuro de la lucha de clases aquí. Es sobre los trabajadores y agricultores en el corazón del imperialismo, y sobre los jóvenes que se ven atraídos a su marcha histórica: trabajadores y agricultores cuyas capacidades revolucionarias las fuerzas gobernantes descartan hoy día de forma tan rotunda como las descartaron con relación a las masas campesinas y proletarias de Cuba. Y de forma igualmente errada.

La victoria de Cuba en Playa Girón marca la primera derrota del imperialismo estadounidense en América. No será la última.

Esa se dará aquí mismo.

'Primero se verá una revolución victoriosa en los Estados Unidos, que una contrarrevolución victoriosa en Cuba'

EN SEPTIEMBRE DE 1960, al dirigirse a la Asamblea General de Naciones Unidas, el primer ministro cubano Fidel Castro anunció al mundo: "En el próximo año, nuestro pueblo se propone librar su gran batalla contra el analfabetismo, con la meta ambiciosa de enseñar a leer y escribir hasta el último analfabeto", o sea, a un millón de cubanos, aproximadamente una tercera parte de la población adulta. Y es precisamente lo que hicieron cuando unos 100 mil jóvenes, en su mayoría adolescentes, fueron al campo a vivir y trabajar junto a familias campesinas.

Hoy celebramos el 40 aniversario de esa conquista histórica.

El 15 de abril de 1961, cuando los mercenarios organizados por los yanquis anunciaron su invasión inminente al bombardear simultáneamente tres aeropuertos cubanos, el gobierno revolucionario movilizó a las milicias populares y a otras unidades militares. En el comunicado que declaró ese estado de alerta, Fidel Castro llamó a cada cubano a "ocupar el puesto que le corresponde en las unidades militares y centros de trabajo", y agregó, en la misma oración, "sin interrumpir la produc-

Basado en una charla presentada el 18 de marzo de 2001 en Seattle, Washington, y el 11 de marzo en Nueva York, ante unos 450 participantes en mítines que celebraron el 40 aniversario de la exitosa campaña de Cuba para erradicar el analfabetismo y de la victoria del pueblo cubano sobre el ejército mercenario de Washington en Bahía de Cochinos.

ción, ni la campaña de alfabetización, ni una sola obra revolucionaria".

Cuatro días más tarde, cuando las fuerzas contrarrevolucionarias habían sido derrotadas, el comunicado suscrito por Fidel en que se informa al pueblo cubano de esa victoria estaba fechado de manera demostrativa: "19 de abril de 1961, Año de la Educación".

Ustedes podrán hallar ambos documentos en el nuevo libro de Pathfinder *Playa Girón/Bahía de Cochinos: Primera derrota militar de Washington en América*, cuya publicación en inglés y español también estamos celebrando aquí el día de hoy.

En Cuba, 1961 fue el Año de la Educación en todos los sentidos de esa palabra: la capacidad de aprender, producir, convertirse en un soldado revolucionario más disciplinado, crear, desarrollarse. El Año de la Educación significaba hacer más accesible la cultura. Significaba valentía al perseguir los objetivos humanos más elevados. Significaba tender una mano solidaria a cualquiera que luchara contra la injusticia y la opresión en cualquier parte del mundo. Significaba ofrecer la vida propia a fin de lograr estos objetivos.

Fidel Castro, Ernesto Che Guevara y otros dirigentes de la Revolución Cubana estaban muy conscientes de que el principal obstáculo a la marcha histórica de los trabajadores y agricultores es la tendencia —promovida y perpetuada por las clases explotadoras— del pueblo trabajador a subestimarnos, a subestimar lo que podemos lograr, a dudar de nuestra propia valía. Por eso los revolucionarios en Cuba estaban tan orgullosos de que el esfuerzo de alfabetización había proseguido con un mínimo de interrupciones a medida que se libraba y se ganaba la batalla contra los invasores, una batalla por la vida misma de la revolución. "Ni siquiera en estos días se paralizó la campaña de alfabetización", declaró Fidel Castro en su informe del 23 de abril al pueblo cubano sobre la victoria.

Sin importar lo que un individuo en particular estuviera haciendo durante esos tres días, del 17 al 19 de abril —ya fuera que estuviera destacado en el frente de batalla, trabajando en el campo o en una fábrica, o ayudando a alguien a aprender a leer y escribir— el pueblo cubano sentía el vínculo de una batalla común librada por seres iguales. Un vínculo común que ofrecía una base para la disciplina, una base para la alegría compartida de construir, la alegría de crear, y la alegría de vencer en la batalla sobre aquellos que pretendían destruir todo lo que su revolución estaba haciendo posible.

¡Qué momento para que el pueblo de Cuba anunciara al mundo el carácter socialista de la revolución!

Poco más de un año después, Che Guevara dijo ante el congreso de la Unión de Jóvenes Comunistas —en un discurso que pueden encontrar en el libro de Pathfinder *Che Guevara habla a la juventud*— que los jóvenes comunistas tenían la responsabilidad de ser "los primeros en el trabajo, los primeros en el estudio, los primeros en la defensa del país". Y los felicitó por las tres palabras que habían puesto en el emblema de su organización: estudio, trabajo y fusil.

Son los emblemas de todos los cubanos, dijo Che, emblemas permanentes, no sólo pasajeros.

El fusil, porque el progreso hacia la liberación de la humanidad trabajadora no se puede asegurar a menos que las clases explotadoras sepan que estamos dispuestos a defender esas conquistas por los medios que sean necesarios. Esa fue la verdad que se confirmó nuevamente en Playa Girón, y pronto de nuevo fue puesta a prueba y reafirmada durante la crisis "de los misiles" de octubre de 1962.

El trabajo, a menudo representado por una pala o un machete, porque la transformación de la naturaleza por el trabajo humano, el trabajo social, no sólo es la fuente de toda riqueza sino que es la base de toda cultura. Sin la pala y el machete, no hay nada que el fusil deba defender.

Y el estudio, representado por el lápiz, un símbolo de la campaña de alfabetización, porque la capacidad de leer y escribir da acceso a las conquistas acumulativas de todos los anteriores esfuerzos humanos y abre la puerta a los trabajadores y agricultores para que participen como iguales en todos los aspectos de la vida social y política. Les permite que sean más capaces de transformar la producción y las condiciones de vida y trabajo, más capaces de asumir control de su propio destino. La campaña de alfabetización fue clave para reforzar la alianza de trabajadores y campesinos sobre la que se fundó Cuba revolucionaria; fue clave para reducir la brecha entre la ciudad y el campo. Los campesinos y sus familias en la Cuba prerrevolucionaria prácticamente no habían tenido oportunidades educacionales. Esto era particularmente cierto para la mujer en las zonas rurales. Así que la campaña de alfabetización fue también un golpe contundente a favor de la emancipación de la mujer.

Un aspecto fundamental de la educación de toda persona de disposición revolucionaria es el proceso de llegar a reconocer el terror, la violencia y la degradación en los cuales los terratenientes y capitalistas basan su dominio. Es una de las lecciones subrayadas por José Ramón Fernández, jefe militar de la principal columna que repelió a los invasores en Playa Girón, en el testimonio que presentó ante un tribunal en La Habana durante el juicio sobre una demanda entablada por el pueblo de Cuba contra el gobierno norteamericano por las miles de muertes y la masiva destrucción física que ha resultado del esfuerzo realizado por Washington durante décadas para destruir la Revolución Cubana.

En 1961, los alfabetizadores voluntarios estuvieron entre quienes fueron blanco de los asesinos y torturadores contrarrevolucionarios desatados por el gobierno norteamericano en Cuba. Según explicamos en el prólogo a *Playa Girón*, para los jóvenes en Estados Unidos durante aquellos años iniciales de la revolución, los despachos de prensa y las fotos que mostraban a "adolescentes cubanos que habían sido linchados por el crimen de enseñar a familias campesinas a leer y escribir", ofrecían una muestra gráfica de los motivos, del verdadero carácter de las fuerzas de clase en contienda, las cuales se enfrentaban no sólo en Cuba sino por todo el mundo.

Dichas imágenes confirmaron lo que los jóvenes en Estados

Unidos a principios de los años sesenta estábamos aprendiendo acerca de los linchamientos, el terror de los escuadrones nocturnos y la violencia policiaca, tanto local como federal, contra los negros y los luchadores por los derechos civiles. Eso nos ayudó a comprender la realidad de clase de que las golpizas, los casos fabricados, las vejaciones y, sí, las ejecuciones callejeras a manos de la policía, forman parte de la vida cotidiana de millones de trabajadores: horrores que a diario recaen desproporcionadamente sobre los negros, los chicanos, los puertorriqueños y otras nacionalidades oprimidas. Nos abrió los ojos, de forma lenta pero segura, para reconocer que los gobernantes capitalistas van a desatar el terror fascista ante un desafío a su dominio por parte de los trabajadores y agricultores.

■

La victoria en Playa Girón nos hace recordar el precio que los trabajadores y agricultores debemos estar dispuestos a pagar para librarnos de la explotación y la opresión y, después, para defender esta libertad. Uno no puede dejar de verse afectado por la intrepidez demostrada por decenas de miles de trabajadores y campesinos cubanos, muchos de ellos muy jóvenes: por su valentía y resolución frente a la muerte. Esa es una de las cualidades de un pueblo que está inmerso en una profunda transformación revolucionaria de sus circunstancias y de sí mismo.

Sin embargo, lo notable de los revolucionarios cubanos no es su valentía y resolución frente a la muerte. *Es su actitud ante la vida.* De eso se trataba, ante todo, el arrojo, la disciplina, la valentía que aseguraron el triunfo en Playa Girón.

Por eso, como dice José Ramón Fernández en su testimonio, causó tanta sorpresa en Washington, en abril de 1961, "el alcance de la victoria del pueblo cubano". El resultado, señala, "sólo se explica por el coraje de un pueblo que vio en el triunfo del primero de enero [de 1959] la posibilidad real de dirigir sus propios destinos, razón por la cual vistió con orgullo el uniforme de las milicias y estuvo alerta y dispuesto a combatir con la firme convicción de vencer".

Es lo que no pudieron entender los gobernantes de Estados Unidos y, aún más importante, es lo que *jamás pueden entender*. No entienden y no pueden entender el alcance de las capacidades de los trabajadores y agricultores que están en lucha, ante todo en una lucha *revolucionaria*. No pueden entender a seres humanos como los milicianos de esa magnífica foto que el periódico *The Militant* publicó esta semana de la Primera Compañía del Batallón 134 celebrando su victoria en Playa Girón.

Si eso no fuera cierto —si la clase dominante pudiese comprender lo que impele a los trabajadores y agricultores a la acción revolucionaria; si entendiesen los objetivos por los que estamos dispuestos a luchar y a morir, o si pudiesen *aprender* a entenderlo— entonces la revolución socialista sería una ilusión. Pero no lo entienden ni pueden entenderlo.

Para justificar la legitimidad de su sistema de explotación ante la vista del conjunto de la sociedad, los gobernantes se valen de la *ideología*. Al contrario de la presunción de la burguesía de ser civilizada y culta, no existen "grandes ideas" ni teorías sociales científicas cuya conclusión inexorable sea que un puñado de familias acaudaladas deba enriquecerse para siempre a costa del trabajo de la mayoría de la humanidad, manteniendo su dictadura de clase mediante la fuerza y la violencia que sean necesarias. No es una ley de la naturaleza ni de economía política.

Los capitalistas en Estados Unidos son particularmente pragmáticos. No tienen teorías ni ideas. Simplemente hacen lo que tienen que hacer para mantener su dominio de clase, y después promueven justificaciones ideológicas de lo que hacen. Estas las ofertan como palabras pegadizas, frases trilladas y burdo norteamericanismo, a través de programas de "noticias", análisis de "noticias", periódicos y programas de entrevistas por radio y televisión.

Pero la ideología burguesa no es una conspiración. No es un complot ingenioso que ellos han tramado. Cuanto más se aproximan las justificaciones de los gobernantes a algo que guarde cierto parentesco con el pensamiento social, más imposible les resulta a ellos y a sus hijos desenredar lo que, como clase, *quieren* y *alegan* que sea cierto de la verdad en sí. Las mismas ilusiones ideológicas predominan entre las capas de clase media y de profesionales que se orientan hacia los gobernantes burgueses y actúan en su nombre.

En *El capital*, en el capítulo titulado "El carácter fetichista de la mercancía y su secreto", Carlos Marx señala que el propio fundamento de las relaciones sociales capitalistas —el hecho que toda ganancia se origina del cambio de mercancías cuyo valor es exclusivamente creación del trabajo humano— se esconde detrás de lo que dan por llamar "economía", pero que en realidad no es más que una apología vulgar del dominio burgués. Pero estas autojustificaciones ideológicas se las creen los capitalistas y aquellos a quienes ellos contratan para propagarlas, dice Marx.

"A formas que llevan escrita en la frente su pertenencia a una formación social donde el proceso de producción domina al hombre, en vez de dominar el hombre ese proceso", escribe Marx, "la conciencia burguesa de esa economía las tiene por una necesidad natural tan manifiestamente evidente como el trabajo productivo mismo".

Debido a que la burguesía y sus sirvientes se creen su propia ideología, terminan haciendo estimaciones políticas erradas sobre las capacidades del pueblo trabajador: sobre los trabajadores y agricultores cuyas acciones valientes les permiten comenzar a escapar del dominio de estos fantasmas. En momentos decisivos los gobernantes cometen enormes errores de juicio. Por eso, al final, van a perder.

Al paso de los años, a menudo he oído la pregunta: "¿No es cierto que la mayoría de los principales funcionarios de la CIA y de la Casa Blanca sabía realmente que no se produciría un alzamiento del pueblo cubano en respuesta a la invasión de Bahía de Cochinos?" La respuesta es: no. No es tan sencillo. Y vale la pena tomar unos minutos para ver por qué.

Un buen punto de partida es el criterio de José Ramón Fernández de que "la idea desde el punto de vista estratégico y táctico del enemigo estaba bien concebida". Debemos aceptar esa valoración como absolutamente seria. Contradice, sin embargo, todas las evaluaciones más comunes promovidas durante 40 años por los gobernantes norteamericanos y sus propagandistas a fin de justificar la impresionante victoria cubana. Ellos señalan las supuestas pifias de la CIA, o las pretendidas vacilaciones de Kennedy, o una combinación de ambas cosas. Fernández rechaza esto. "Los mercenarios venían bien organizados, bien armados, con buen apoyo, pero les faltó la razón, la justeza de la causa que defendían. Por ello no combatieron con el ardor, el valor, la firmeza, el denuedo y el espíritu de victoria con que lo hicieron las fuerzas revolucionarias".

Che Guevara subrayó lo mismo apenas unas semanas después de la victoria en Playa Girón. Lo hizo en una charla que dio el 8 de mayo a un encuentro de trabajadores de la electricidad y milicianos en La Habana. La leí en el avión que me trajo de Nueva York. El *Militant* planea publicar la charla como documento especial en el número del 2 de abril. No se la pierdan; es puro placer.

"La operación [del gobierno norteamericano], desde un punto de vista militar, estaba bien concebida", dijo Che. "Ellos hicieron unos cálculos matemáticos, como si enfrente de ellos estuviera el ejército alemán y ellos vinieran a tomar una cabeza de playa en Normandía". Organizaron la invasión en Bahía de Cochinos "con la efectividad que tienen en esas cosas".

"Pero les faltó medir la correlación moral de fuerzas", dijo Che. "Primero, midieron mal nuestra capacidad de reacción, incluso no sólo nuestra capacidad de reacción frente a la agresión, nuestra capacidad de reaccionar ante un peligro y de movilizar nuestras fuerzas y enviarlas al lugar del combate, la midieron mal. Pero además, la capacidad de luchar de cada uno de los grupos".

Los gobernantes estadounidenses, dijo Che, calcularon que necesitaban sólo mil hombres para efectuar una invasión exitosa y mantener una cabeza de playa en Cuba. "Pero necesitaban mil hombres que lucharan ahí hasta la muerte", recalcó, y eso no lo tenían. "No se le puede pedir a un hombre que tenía mil caballerías de tierra su papá, y que viene aquí simplemente a hacer acto de presencia para que le devuelvan las mil caballerías, que se vaya a hacer matar, frente a un guajiro que no tenía nada y que tiene unas ganas bárbaras de matarlo, porque le van a quitar sus caballerías. . . .

"Siempre se han equivocado con nosotros", puntualizó Che. "Siempre han llegado tarde. Y nunca han tomado una medida que no sirviera para otra cosa que para fortalecer la fe del pueblo en su gobierno, para hacer más militante la revolución, y, en definitiva, para fortalecernos más".

En efecto, los gobernantes estadounidenses se equivocaron con los trabajadores y agricultores de Cuba. Los funcionarios de la CIA y de la Casa Blanca esperaban que la fuerza invasora, después de unos cuantos días, desatara alzamientos contra el gobierno revolucionario. Anticipaban, también, que surgiría alguna división entre los oficiales de las fuerzas armadas de Cuba. Por analogía, los imperialistas veían al gobierno en Cuba como una variedad tropical de un régimen estalinista, con la misma fragilidad inherente. Y veían a los cuadros de las Fuerzas Armadas Revolucionarias como una variante radical de un cuerpo de oficiales latinoamericano burgués, comparable a aquellos con los que desde hacía mucho se habían acostumbrado a tratar.

Hasta apenas cinco semanas antes de la invasión, el plan de la CIA consistía en que la brigada mercenaria desembarcaría cerca de la ciudad de Trinidad. Trinidad yace al pie de la sierra del Escambray, donde las bandas contrarrevolucionarias habían estado más activas. Un memorándum de la CIA aseguró a la administración de Kennedy que una fuerza invasora relativamente grande y decidida en aquella área podría "desmoralizar, se espera, a las milicias e inducir a las deserciones . . . hacer mella en la moral del régimen de Castro, e inducir una rebelión generalizada. Si las acciones iniciales no logran detonar así una rebelión de importancia, la fuerza de asalto se retirará al área montañosa aledaña y continuará las operaciones como una fuerza guerrillera poderosa".

Sin embargo, Kennedy suprimió el plan de Trinidad el 11 de marzo, e insistió en que la CIA propusiera otra opción. Una invasión cerca de una ciudad con una población considerable era políticamente demasiado arriesgada. Las esperanzas de un levantamiento rápido se veían contrarrestadas por la posibilidad de una derrota aun más aplastante. Es más, 40 mil miembros de las milicias revolucionarias de Cuba acababan de completar una exitosa operación de "limpia" en el Escambray, la cual había disminuido mucho el tamaño y radio de acción de las bandas contrarrevolucionarias, a las que de otra forma las fuerzas mercenarias habrían recurrido en pos de ayuda.

Fue entonces que se cambió el sitio de la invasión al área de la Ciénaga de Zapata, cerca de Bahía de Cochinos. El plan consistía entonces en desembarcar en una zona escasamente poblada de la costa, ganar las batallas iniciales, comenzar a avanzar un poco en obtener apoyo popular, fomentar divisiones y proclamar un gobierno provisional. Si eso no daba resultado, se esperaba entonces que la fuerza invasora al menos retuviera una cabeza de playa y un aeropuerto el tiempo suficiente como para extender el reconocimiento diplomático y solicitar el apoyo de la Organización de Estados Americanos, bajo cuyo manto el gobierno norteamericano y sus aliados latinoamericanos más cercanos pudieran intervenir.

Mientras tanto, la urgencia que sentía la administración de Kennedy para tomar medidas se veía acentuada por los informes de la CIA de que el gobierno revolucionario y el pueblo armado de Cuba iban adquiriendo más fuerza. Como lo señaló un memorándum de la agencia, el tiempo no estaba a favor de Washington. Así que con el correr de cada día, la Casa Blanca seguía adelante con sus planes, haciendo alteraciones constantes.

Esto nos hace recordar la historia de William Randolph Hearst, el patriotero dueño del diario neoyorquino *Journal*. Hacia el fi-

nal de la segunda guerra que libró Cuba para independizarse
de España, en 1895–98, Hearst comenzó a buscar un pretexto
para justificar el ingreso de Washington al conflicto con miras a
establecer el dominio colonial norteamericano sobre Cuba. Envió reporteros, dibujantes y fotógrafos a Cuba para que infor-
maran del acontecer. Cuando uno de ellos envió un cable diciendo, "No hay guerra. Solicito retornar", Hearst disparó la
respuesta: "Por favor permanezcan ahí. Ustedes produzcan las
imágenes, yo produciré la guerra".

Poco después, el 15 de febrero de 1898, el USS *Maine* estalló
bajo circunstancias misteriosas en el puerto de La Habana, y
Hearst encabezó el ataque con titulares sensacionalistas y páginas de noticias que instaban al pueblo de Estados Unidos: "¡Re-
cordad el *Maine*! Al diablo con España". Para abril, Washington
había declarado la guerra a Madrid, lanzando la llamada Guerra Hispano-Norteamericana, que Lenin indicó era la primera
guerra de la época imperialista.

Unos 60 años después, poco antes de la medianoche del 16 de
abril de 1961, la administración de Kennedy ordenó el desembarco en Playa Girón del primer grupo de la Brigada 2506, compuesta por 1 500 hombres. Los primeros tiros no los dispararon
los mercenarios, sino, como era debido, el agente de la CIA na-
cido en Texas que los acompañaba. Entretanto, Manuel Artime,
el títere contrarrevolucionario cubano que la CIA había escogido para que representara lo que según esperaban sería un "gobierno en armas", ¡había agarrado un puñado de tierra en el
sitio del desembarco y había empezado a dar un discurso! Hasta la fuerza invasora anticipaba que un buen número de cubanos los recibiría como patriotas. Sucedió que al final sólo seis
residentes locales se sumaron a la brigada, entre ellos el dueño
del bar local y su hijo, así como unos capataces de una obra de
construcción.

Kennedy confiaba que la brigada lograría mantener la cabeza
de playa por un tiempo suficiente como para generar la espe-
rada resistencia en Cuba y ganar tiempo para el gobierno norteamericano. Washington mismo aún no estaba preparado militar-

mente para una invasión. En octubre de 1962, cuando el Pentágono sí estaba listo, había empezado a juntar una fuerza de 90 mil efectivos. La movilización fue tan extensa que los periodistas empezaron a preguntar sobre los convoyes y las concentraciones de soldados en el Sur, los cuales no podían mantenerse totalmente en secreto. Pero en abril de 1961, Washington sólo tenía listos para el combate a unos 2 mil infantes de marina norteamericanos en barcos frente a las costas cubanas, muy lejos de lo que necesitaba para llevar a cabo una invasión.

Los gobernantes norteamericanos demostraron una ceguera de clase en cuanto a las capacidades revolucionarias de los trabajadores y campesinos comunes y corrientes en Cuba (y la siguen demostrando). Sin embargo, no fue así con grupos pequeños de jóvenes en varias ciudades y recintos universitarios en Estados Unidos. Desde el instante en que supimos de la invasión, afirmamos con convicción que, contrario a lo que decían los comunicados de prensa filtrados por la CIA, los mercenarios organizados por Washington serían derrotados. Y nuestra convicción se vio reforzada por trabajadores comunistas experimentados, miembros del Partido Socialista de los Trabajadores, con quienes habíamos empezado a trabajar, y a quienes habíamos llegado a conocer y a confiar.

Esta seguridad en la victoria de los trabajadores y campesinos cubanos no sólo era una cuestión de entusiasmo juvenil por una revolución con la que nos identificábamos profundamente. Se basaba en *hechos*. Y aun si no podíamos explicarlo del todo en aquel entonces, *actuábamos* a partir del hecho que reconocíamos que la administración de Kennedy procedía en base a una ideología, y *no* en base a hechos.

Esta realidad de la política de clases sólo se puede entender mediante la lucha, y después estudiando, absorbiendo y generalizando las lecciones de numerosas luchas que se dieron con anterioridad. A medida que los trabajadores empezamos a reconocer el grado al que nosotros mismos somos víctimas de la ideología burguesa, a la vez vamos dando zancadas hacia una mayor conciencia de clase.

Arriba: Miles de jóvenes alfabetizadores voluntarios se sumaron a la "Concentración de los lápices" en diciembre de 1961 en La Habana, para celebrar la conclusión exitosa de la campaña de un año para enseñar a leer y escribir a casi un millón de campesinos y trabajadores. **Izquierda:** Mitin de protesta en la Universidad de Minnesota, abril de 1961, contra la invasión de Bahía de Cochinos organizada por Washington, se vio enfrentado por una multitud hostil, entre la cual un pequeño núcleo arrojó bolas de nieve y cartones de leche a los oradores. Los jóvenes partidarios de Cuba revolucionaria aprendieron a defender su derecho a organizarse al tiempo que refutaban los argumentos de los enemigos de la revolución.

"1961 fue en Cuba el Año de la Educación, cuando más de 100 mil jóvenes se esparcieron por todo el país para erradicar el analfabetismo. 1961 fue también nuestro año de la educación".

"Lo notable de los revolucionarios cubanos no es su valentía y resolución frente a la muerte. *Es su actitud ante la vida*".

LEE LOCKWOOD

Durante la guerra revolucionaria cubana de 1956–58, los jóvenes combatientes que se ofrecieron para las tareas más difíciles y peligrosas asumieron orgullosos el nombre de "Pelotón Suicida" **(foto de arriba)**. Che Guevara dijo que estos soldados sirvieron de "ejemplo de moral revolucionaria" para todo el Ejército Rebelde. A la juventud del mundo entero le dieron un ejemplo de disciplina, valentía abnegada y alegría de vivir.

Izquierda: El primero de enero de 1959, el pueblo trabajador cubano en La Habana se volcó a las calles para asegurar el triunfo de la revolución y celebrar la caída del régimen batistiano respaldado por Washington.

Con la clase trabajadora en el poder, se comenzó a movilizar el potencial creador de los trabajadores a fin de satisfacer las necesidades sociales y transformar las relaciones sociales. **Esta página, abajo:** Brigada de trabajo voluntario construye viviendas en el campo, 1960. **Arriba:** Mitin del Primero de Mayo en La Habana en 1961, menos de dos semanas después de la victoria en Playa Girón. Con su humor característico, los trabajadores cubanos llevan la efigie de un mercenario capturado que frecuentaba los exclusivos clubes sociales de la Cuba prerrevolucionaria. El cartel hace eco de la advertencia de Fidel Castro para cualquier posible invasor: "¡Si vienen, se quedan!"

"La lucha proletaria de masas por derrocar el sistema Jim Crow de segregación racial legal en todo el Sur, con sus diversas formas de discriminación que se extendían por todo el país, marchaba hacia sangrientas victorias a la vez que avanzaba la Revolución Cubana. Podíamos constatar en la práctica que dentro de Estados Unidos existían fuerzas sociales poderosas capaces de llevar a cabo una transformación social revolucionaria como la que el pueblo trabajador de Cuba estaba haciendo realidad".

CHARLES MOORE / BLACK STAR

Arriba: Policías de Alabama azuzan perros de ataque contra militantes defensores de los derechos de los negros durante la "Batalla de Birmingham", abril de 1963. **Abajo:** Manifestantes pro derechos civiles presos, detenidos detrás de la cárcel de Albany, Georgia, julio de 1962.

AP/WIDE WORLD PHOTOS

CARL NESFIELD

MILITANT

Abajo: Una multitud agita banderas cubanas frente al Hotel Theresa en Harlem, Nueva York, saludando a la delegación del gobierno de Cuba, septiembre de 1960, cuando Fidel Castro habló ante Naciones Unidas.
Arriba: Durante su visita, Castro fue recibido por Malcolm X. La "postura revolucionaria intransigente de Malcolm convergía cada vez más con la trayectoria de la Revolución Cubana".

"Primero se verá una revolución victoriosa en los Estados Unidos, que una contrarrevolución victoriosa en Cuba".

FIDEL CASTRO, MARZO DE 1961

Arriba: Huelguistas se enfrentan con policías y asistentes especiales de alguaciles durante la huelga de los camioneros Teamsters en Minneapolis, 1934. A través de esta y otras cruentas batallas de sindicalización en los años treinta, se forjó un liderazgo de lucha de clases de los Teamsters en la región norte-central del país. Este trazó un rumbo político independiente de los explotadores capitalistas y sus partidos, y contra su marcha hacia el fascismo y la guerra imperialista. **Abajo:** La Guardia de Defensa Sindical del Local 544 de los Teamsters, 1938, se formó para responder a las crecientes amenazas de fuerzas fascistas financiadas por los patrones en Minnesota.

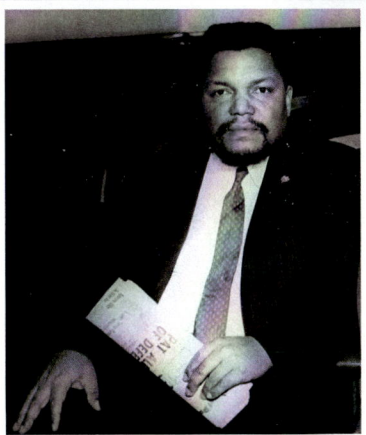

"Estábamos aprendiendo lecciones sobre la violencia y la brutalidad de la clase dominante y hasta qué extremos llegará a fin de defender su propiedad y sus privilegios. Y también estábamos aprendiendo lecciones de la autodefensa armada organizada por veteranos del ejército negros como los de Monroe, Carolina del Norte". Las unidades de autodefensa de Monroe que rechazaron el terror del Ku Klux Klan **(arriba)** fueron organizadas por Robert F. Williams **(abajo)**, presidente del capítulo local de la NAACP y luego dirigente nacional del Comité Pro Trato Justo a Cuba. Titular del periódico dice, "Ciudadanos devuelven el fuego al Ku Klux Klan".

WITCH-
HUNTERS
GO HOME!

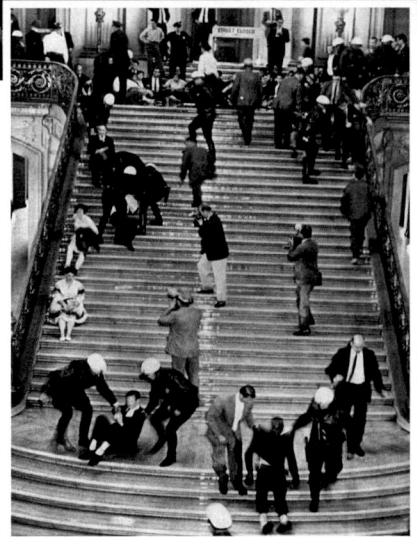

"Como preludio de lo que sucedería en el movimiento contra la guerra de Vietnam, las operaciones de caza de brujas del gobierno, lejos de paralizar los esfuerzos organizativos de los estudiantes, pasaron a ser objeto de burlas y desprecio".

Página opuesta: La policía empleó cañones de agua contra una manifestación de 5 mil estudiantes frente a la alcaldía de San Francisco, 13 de mayo de 1960. Estos protestaban contra las audiencias del Comité de la Cámara de Representantes sobre Actividades Anti-Americanas (HUAC). Los manifestantes fueron arrastrados y detenidos en la escalinata de la alcaldía.

Arriba: Unos 500 estudiantes del Los Angeles City College escuchan en 1964 a Tom Morgan, uno de los tres miembros de la Alianza de la Juventud Socialista a quienes les habían fabricado cargos de sedición. Durante la crisis "de los misiles" de octubre de 1962, los militantes de la AJS en la Universidad de Indiana en Bloomington habían ayudado a organizar un mitin de protesta contra las maniobras de guerra de Washington. Una gran multitud hostil hizo frente a los manifestantes, varios de los cuales fueron agredidos por matones derechistas. Unos meses después Morgan y otros dos militantes de la AJS fueron encausados bajo cargos —basados exclusivamente en un discurso dado en una reunión pública patrocinada por la AJS en la universidad— de abogar por el derrocamiento violento del gobierno del Estado de Indiana. La AJS ayudó a encabezar una exitosa campaña de defensa que le asestó un golpe más a la caza de brujas. **Abajo:** Manifestación de 15 mil personas en San Francisco, 12 de octubre de 1968, contra la guerra de Vietnam. La marcha estuvo encabezada por un contingente de 500 soldados en servicio activo, quienes se ven en esta foto.

"Esta revolución, en caso de ser marxista,
lo es porque descubrió, por sus propios métodos,
los caminos que señalara Marx".

CHE GUEVARA, JULIO DE 1960

OSVALDO SALAS

LEE LOCKWOOD

Página opuesta, arriba: Che Guevara pronuncia el discurso inaugural del Primer Congreso Latinoamericano de Juventudes en La Habana, julio de 1960. Mientras los participantes del congreso se sumaron a las movilizaciones populares que expropiaron las industrias de propiedad imperialista ese verano, jóvenes de toda América y del mundo pasaron largas horas debatiendo las cuestiones políticas y teóricas que planteaba la Revolución Cubana. **Abajo:** El congreso juvenil se inauguró durante la celebración nacional cubana del 26 de julio, realizada en 1960 en la Sierra Maestra, a la que llegaron miles de personas, como se aprecia en la foto.

Jóvenes en Estados Unidos que se sentían atraídos a la Revolución Cubana dieron ímpetu a la posibilidad de protestas unificadas cuando los mercenarios organizados por los yanquis invadieron por Bahía de Cochinos. **Esta página, arriba:** Concentración en Nueva York, 20 de abril de 1961, en respuesta a la invasión de Bahía de Cochinos, exige: "¡Manos yanquis fuera de Cuba!" **Abajo:** Tres jóvenes norteamericanos que estuvieron entre los asistentes al congreso (en el centro, desde la izquierda), Arnie Kessler, Jack Barnes y Fred Sweet, quienes aparecen aquí con el miliciano cubano Juan González Díaz (izquierda); el fotógrafo, George Tselos, fue un cuarto participante de Estados Unidos.

"Las capacidades revolucionarias de los trabajadores y agricultores en el corazón del imperialismo las descartan hoy día las fuerzas gobernantes de forma tan rotunda como descartaron las de las masas campesinas y proletarias de Cuba. Y de forma igualmente errada".

MIC SMITH / CHARLESTON POST AND COURIER

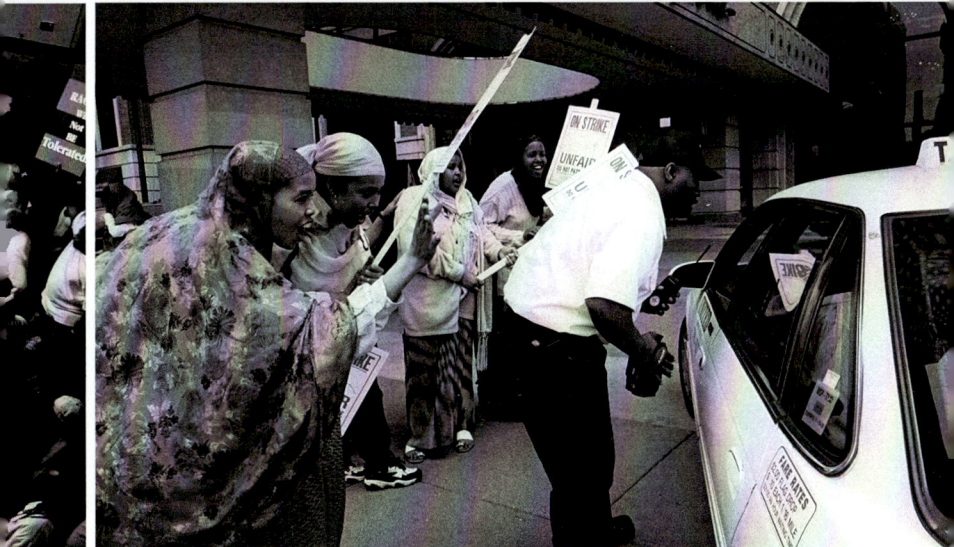

CRAIG BORCK / PIONEER PRESS

Izquierda, arriba: Mineros del carbón en huelga en Nuevo México participan en mitin en la mina McKinley, propiedad de la Chevron, en la Nación Navajo, junio de 2000. **Abajo:** Una multitud airada colma las cámaras del consejo municipal, abril de 2001, en Cincinnati, Ohio, en protesta contra la muerte de Timothy Thomas, de 19 años, a manos de la policía. Thomas fue el decimoquinto hombre negro asesinado por la policía de esa ciudad desde 1995. **Esta página, arriba:** La policía agrede a cientos de trabajadores portuarios sindicalizados en Charleston, Carolina del Sur, 20 de enero de 2000, quienes protestaban contra la descarga de un buque por trabajadores no sindicalizados. La acción se dio días después de una marcha de 50 mil personas que condenó el uso de la bandera de guerra de los Confederados encima del edificio legislativo estatal. **Abajo:** Trabajadoras oriundas de Somalia, miembros del sindicato de empleados de hoteles y restaurantes, realizan piquete en Minneapolis durante su victoriosa huelga en junio de 2000.

"Los trabajadores, agricultores y las masas trabajadoras explotadas de todos los países compartimos los mismos enemigos de clase: las clases dominantes imperialistas y los terratenientes y capitalistas nacionales dominados por el imperialismo. Esos son los únicos 'nosotros' y 'ellos' que entrañan significado alguno para el pueblo trabajador".

M. DESPOTOVIC

T. J. FIGUEROA / PERSPECTIVA MUNDIAL

Izquierda, arriba: Campesinos en Bogor, Indonesia, exigen tierra, septiembre de 1998. **Abajo:** Miles de trabajadores protestan contra la política gubernamental de "austeridad", Quito, Ecuador, enero de 2000. Los manifestantes, en su mayoría de los pueblos indígenas del país, ocuparon el Congreso y derrocaron el gobierno. **Esta página, arriba:** La fábrica DIN de cigarrillos en Nis, Yugoslavia, tras uno de los bombardeos diarios realizados por aviones norteamericanos durante la guerra de 87 días, 1999. **Abajo:** Médicos voluntarios cubanos en Sudáfrica, 2000.

Miembros de la Primera Compañía del Batallón 134 de milicianos celebran la victoria en Playa Girón, abril de 1961. **Derecha:** Titular del semanario socialista *The Militant* en respuesta a la invasión de Bahía de Cochinos en que se lee, "Cese el crimen contra Cuba". El ejemplo revolucionario de los trabajadores y campesinos cubanos ayudó a captar a muchos jóvenes norteamericanos a la Alianza de la Juventud Socialista, para marchar, luchar, estudiar y trabajar en la vanguardia del movimiento obrero por toda la vida.

"A través de esos días de política concentrada que culminaron con la victoria en Playa Girón, a una capa de jóvenes en Estados Unidos no se nos captó fundamentalmente a una posición ideológica o incluso a una actitud moral, sino a un curso de conducta política y, más importante aún, a los hábitos que son consecuentes con dicho curso. Con sentido de la historia, nos alistamos hasta lo que durara".

Reconocer cómo opera el enemigo de clase recalca también por qué es importante que los trabajadores seamos cautos en la burla de ellos. Por supuesto, eso se puede hacer de vez en cuando. En el discurso que dio durante la manifestación del Primero de Mayo en La Habana en 1961, y que aparece en el nuevo libro, Fidel Castro señala "esa gracia . . . ese humorismo con que algunas de las federaciones obreras hicieron aparecer a los ricos en el desfile, frente a esta tribuna, con sus vestidos elegantes y con toda la pepillería que caracterizaba a la juventud de las familias pudientes". ¡Unos camaradas que hicieron un viaje periodístico a Cuba el mes pasado trajeron unas fotos maravillosas, de hace 40 años, de esos contingentes!

Sin embargo, jamás debemos burlarnos de manera que pueda hacer que los trabajadores subestimen cuán serio y despiadado es el enemigo de clase. Me agradó el hecho que unos días antes de que *Playa Girón* fuera a la imprenta, Pathfinder cambió su decisión inicial de incluir en el pliego de fotos una imagen de Richard Bissell —el funcionario de la CIA encargado del operativo de Bahía de Cochinos— con una mano en el timón de su velero y con un trago en la otra.

No es que la foto diera una imagen falsa de Bissell. Como muchos otros funcionarios en los niveles superiores de la CIA, procedía de una familia adinerada y se había educado en exclusivas escuelas privadas y universidades de la *Ivy League* [Liga de la Hiedra], como Groton y Yale. Igual que John F. Kennedy y Robert F. Kennedy —ambos de una familia mucho más adinerada y de la clase dominante— Bissell era también un demócrata liberal, un marinero y un hombre de cócteles.

La selección de la foto original, sin embargo, pudo haberse interpretado como si implicara la noción falsa de que el operativo de la CIA de Bahía de Cochinos fue un espectáculo de aficionados, casi como una función circense. *Pero no lo fue.* Fernández y Guevara tienen razón: dadas las fuerzas que la CIA tenía a su disposición, la invasión estuvo bien concebida y fue bien ejecutada desde la óptica de la estrategia y táctica militares. Es más, funcionarios de carrera para la clase gobernante como Bissell no eran gente de poca monta. Ellos invirtieron muchos meses y largas horas —"no remuneradas", si se quiere; como los revolucionarios profesionales, ellos tampoco tienen concepto de pago de horas extras— al preparar el plan. El ataque que Bissell planeó fue una operación criminal en la que fueron asesinados unos 180 cubanos, 300 resultaron heridos o lisiados y se ocasionaron daños físicos considerables. Para los trabajadores eso es lo importante de cómo Bissell pasó su tiempo en 1960–61, no sus horas al timón de un velero.

Ese es uno de los falsos conceptos sobre Bahía de Cochinos que queremos ayudar a contrarrestar con el nuevo libro. La batalla no la perdieron debido principalmente a una *chapucería* de la CIA; la *ganaron* los trabajadores y campesinos de Cuba revolucionaria. Lo que llevó a aquel desenlace no fue la incompetencia militar de los gobernantes imperialistas, algo que posiblemente podrían mejorar; sino su ceguera política de clase, algo que no pueden cambiar. Y esa ceguera iba desde la Casa Blanca, pasaba por la CIA, por los moldeadores de opinión pública, hasta llegar al liderazgo de la propia brigada mercenaria.

La justificación más común en los círculos burgueses sobre la derrota norteamericana en Bahía de Cochinos es que Kennedy vaciló en la víspera de la invasión al cancelar una segunda serie de incursiones aéreas la mañana del 17 de abril. En aquel momento, Bissell había sido uno de los más fervientes partidarios de esos ataques tipo "Día D", que se suponía debían destruir los aviones de combate que aún quedaban en Cuba. Sin embargo, en sus memorias, publicadas poco después de su muerte a mediados de la década de 1990, Bissell descarta a los críticos que "le imputan todo a la decisión del presidente de cancelar el ataque aéreo a última hora". Esa decisión por sí sola "no habría asegurado el éxito", dice. "Nadie podría afirmar lo contrario".

Sí, "nadie podría". Especialmente a la luz del hecho que aun los ataques aéreos iniciales —cuando las fuerzas instigadas por Washington contaban con el elemento sorpresa— sólo lograron destruir dos de los doce aviones de combate de Cuba. Para cuando llegó el momento en que debían haberse intentado los bombardeos del 17 de abril, la Fuerza Aérea Revolucionaria ya se encontraba en alerta máxima de combate, sus aviones ya habían sido separados más aún, y en torno a todas las pistas aéreas cubanas se habían reforzado las baterías antiaéreas y otras medidas defensivas.

Fidel Castro tomó la decisión estratégica correcta la primera mañana de la invasión de ordenar a la fuerza aérea que se concentrara en hundir los barcos de municiones y suministros de los mercenarios, misión que los pilotos cumplieron con un éxito impresionante. Sin embargo, es un mito la versión de que para el último día de la batalla los gusanos ya no tenían con qué pelear salvo los dedos y los puños. ¡Ciertamente tenían más armas y parque de los que jamás tuvo el Ejército Rebelde durante la guerra revolucionaria contra Batista!

"¿Qué balas eran las que nosotros disponíamos de reserva" en aquellos años?, preguntó Fidel en su informe del 23 de abril sobre la victoria en Playa Girón. "Los campesinos se dedicaban a recoger las balas que dejaban las columnas enemigas, y esas balas nos las llevaban a nosotros para pelear".

En comparación, dijo Fidel, lo único que el pueblo cubano tenía que hacer era ir a la Plaza Cívica de La Habana y ver "cañones antitanques, morteros de todo tipo, bazukas, armas automáticas y parque, equipos de comunicaciones, en cantidades enormes" que se habían capturado.

Como concluye el prólogo de *Playa Girón*, "Las fuerzas invasoras perdieron la voluntad de combatir antes de que se les agotaran las balas. Durante tres días de batalla, ni siquiera pudieron avanzar más allá de la playa, y aún con más apoyo aéreo o naval estadounidense no se habría alterado el desenlace final". El grueso de los cuadros y oficiales de la brigada se había dispersado por el monte tres o más horas antes de la rendición final al caer la tarde.

Fue el carácter de clase de las fuerzas y su causa lo que marcó la diferencia en Playa Girón, no los ataques aéreos ni las municiones. Puede que algunos de los mercenarios se hayan convencido de que se habían sumado a una cruzada noble, y muchos usaron palabras altisonantes para arropar su objetivo de retomar "sus" fábricas, plantaciones, casinos, escuelas exclusivas, clubes campestres, playas y sirvientes. Sin embargo, al fin y al cabo, como dijo Che, los ejércitos modernos no pelean abnegadamente y hasta la muerte para restaurar la propiedad capitalista.

En cambio, los cuadros de las milicias populares, la Policía Nacional Revolucionaria, el Ejército Rebelde y la Fuerza Aérea Revolucionaria en Playa Girón estaban luchando por un objetivo por el cual valía la pena darlo todo: algo que estaba transformando la *vida* de la gran mayoría. Estaban peleando para defender lo que habían logrado a través de dos años y medio de revolución y las formas en que ellos mismos se venían transformando como parte del proceso. Estaban luchando para defender la redención de la soberanía nacional y la dignidad de Cuba del imperialismo norteamericano y sus explotadores, los dueños de fábricas, terratenientes y operadores de prostíbulos y casinos. Luchaban para defender la reforma agraria; la campaña de alfabetización y la educación pública universal; el cumplimiento de las leyes contra la discriminación racista; los recortes de los alquileres y de las tarifas de los servicios públicos; las medidas tendientes a involucrar más profundamente a los trabajadores, campesinos, jóvenes y mujeres en todos los aspectos de la vida económica, social, política y militar; la solidaridad internacionalista con las luchas del pueblo trabajador por toda Latinoamérica y el mundo.

Ese es el tipo de ejército que puede resistir grandes sacrificios y combatir hasta la muerte. Es el tipo de ejército que no genera dudas autodestructoras sobre los objetivos por los que está luchando. Es el tipo de ejército que hace que el enemigo, de forma lenta pero segura, se dé cuenta que no va a dejar de combatir, pase lo que pase.

Eso es lo que resulta tan revelador del relato de Fidel, en el discurso del Primero de Mayo de 1961, acerca de su reunión unos días después de la batalla con mercenarios capturados,

GRANMA

"Las fuerzas invasoras perdieron la voluntad de combatir antes de que se les agotaran las balas".

Arriba: combatientes revolucionarios en Playa Girón. Fidel Castro se encuentra en la portezuela central del tanque. **Abajo:** mercenarios capturados después de la batalla. De los 1500 invasores, se rindieron casi 1200.

cuando les preguntó si alguno de ellos alguna vez había cortado caña. Sólo uno alzó la mano.

Bajo ciertas circunstancias, claro está, una fuerza abrumadora con una causa injusta puede arrasar a una fuerza pequeña que defiende una causa justa. No pretendo aquí desestimar las realidades materiales. Pero eso no sucede bajo condiciones de una revolución socialista que se consolida y se fortalece, y que se basa en un pueblo trabajador armado y dispuesto. Es *ésta* la razón por la que los invasores perdieron la voluntad de combatir. La perdieron a golpes.

■

El comprender esto políticamente nos ayuda también a reconocer de dónde viene la disciplina revolucionaria. La disciplina eficaz jamás se puede imponer principalmente desde afuera. A muchos trabajadores jóvenes, la palabra *disciplina* al principio les hace sentirse un poco incómodos, me parece, ya que en la sociedad capitalista usualmente la disciplina se asocia con la autoridad de los padres, con maestros y agentes contra el ausentismo escolar, con predicadores y curas, con capataces y supervisores, o con policías, tribunales y supervisores de libertad condicional. Es algo que nos imponen, a fin de doblegar nuestro espíritu y volvernos sumisos a las normas y valores que exija el capital.

Pero la disciplina revolucionaria, la disciplina proletaria, es algo que viene desde adentro: algo que los trabajadores que piensan y actúan a iniciativa propia emprenden y a lo que se someten voluntariamente con el objetivo de alcanzar metas comunes. Es una respuesta que se ofrece libremente a partir de nuestro entendimiento político de que una estructura centralizada es esencial para lograr objetivos sociales que trascienden el momento y que trascienden la vida de cualquier individuo.

José Ramón Fernández ofrece un ejemplo convincente de esto en su testimonio. Describe la situación al final de la tarde el último día de la batalla, el 19 de abril, cuando prácticamente se

había conquistado la victoria. Menos de dos horas antes de tomar Playa Girón, las fuerzas de Fernández divisaron destructores norteamericanos bien adentro de las aguas territoriales
cubanas que se acercaban a la costa. Fernández ordenó a las
tropas que detuvieran su avance sobre la playa y que enfilaran
sus tanques, cañones y otras armas pesadas hacia el mar.

La única manera que tenía de informar a Fidel era enviando
un mensajero al Central Australia: no tenían comunicación te-
lefónica o radial ni *walkie-talkies*. Pero en el central había un teléfono que todavía funcionaba y desde el cual se podía transmitir un mensaje al comandante en jefe, quien se hallaba en
otro sector del frente. "Mándeme un batallón de infantería y un
batallón de tanques, que se está produciendo un nuevo desembarco", dice Fernández que escribió.

Mientras tanto, Fernández estaba solo al tomar la decisión de
cómo responder; no había nadie de grado superior a quien acu-
dir para pedirle órdenes. Cuando los destructores bajaron al
agua las lanchas de desembarco y los botes de remos, ordenó a
las tropas que dispararan contra las embarcaciones pequeñas
con todos los medios disponibles. "No así contra los destructores norteamericanos", dijo Fernández, "como sugerían muchos
de nuestros combatientes enardecidos por el combate y tenien-
do en cuenta las bajas que nos habían causado. . . .

"Deben imaginar cuán difícil decisión: impedir que nuestras
fuerzas hicieran fuego contra los verdaderos invasores. Pero
estaba consciente que, aunque pareciera un acto de debilidad
frente a mis subordinados, era lo que correspondía hacer, lo que
convenía a la Revolución". De haber disparado contra los destructores se le habría dado a Washington el pretexto que busca-
ba para justificar un ataque abierto, causando un "daño irreparable a la Revolución, a la Patria".

Los destructores norteamericanos no tardaron en salir de
nuevo hacia alta mar, reconociendo que la batalla estaba perdi-
da y que un intento de evacuación era imposible, dejando aban-
donados a sus hermanos carnales. Las fuerzas de Fernández
tomaron Playa Girón poco después. Hora y media después de

que había enviado al mensajero al central azucarero, "después de haber terminado las acciones combativas, la respuesta de Fidel: 'Lo que se te quieren es escapar, agárralos'". Era eso lo que las fuerzas bajo el mando de Fernández habían hecho. Y los destructores no lograron rescatar a uno solo de los invasores.

Al recordar esa experiencia, Fernández admite que sintió un poco de vergüenza por no haber reconocido que los mercenarios y sus patrocinadores norteamericanos no estaban en condiciones de efectuar un segundo desembarco después de la paliza que habían recibido por tres días. "Sobrevaloré el ímpetu combativo del enemigo", dice.

Sin embargo, la disciplina que se demostró en esa situación —no sólo por parte de Fernández sino de los jóvenes soldados que cumplieron su orden sin pensar necesariamente que era correcta— fue decisiva para asegurar la victoria. Es un modelo para otros revolucionarios.

Es un error que alguno de nosotros piense que nunca enfrentaremos una situación similar en la lucha de clases en Estados Unidos. En realidad, más que cualquier otra cosa, el relato de Fernández me hizo recordar un caso similar que aparece en *Teamster Rebellion* [La rebelión de los camioneros] contado por Farrell Dobbs, un dirigente central de las huelgas del sindicato Teamsters en 1934 en Minneapolis. Dobbs llegó a ser uno de los dirigentes comunistas más destacados en Estados Unidos y fue secretario nacional del Partido Socialista de los Trabajadores por casi 20 años.

"Lo más difícil que jamás tuve que hacer en la vida", escribió Farrell, fue ayudar a otros dirigentes del Local 574 de los Teamsters para que confiscaran las armas de sus compañeros de lucha más cercanos, a quienes les tocaba ir a hacer guardia en la línea de piquetes en julio de 1934, a los pocos días de que la policía había acribillado a unos trabajadores desarmados. Dos trabajadores habían sido asesinados y unos 70 huelguistas y transeúntes habían resultado heridos.

"Esta era una situación en la que la dirección central de la huelga" —Farrell, que aún no cumplía 30 años, estaba entre los más jóvenes— "tenía que actuar de forma rápida y resuelta. De otro modo, aquellos huelguistas impulsivos que buscaban un enfrentamiento con la policía podrían haber dañado de forma irreparable la causa del sindicato. . . . Como era de esperarse, nos tocó recibir argumentos duros y una que otra descripción nada halagadora de nuestra actitud.

"Al final, sin embargo", dijo Farrell, "entregaron las armas, gracias a las normas disciplinarias bien establecidas del sindicato y a la autoridad de liderazgo que nos habíamos granjeado" en batallas anteriores.

La disciplina no es, fundamentalmente, una cualidad militar. Tampoco es principalmente una cuestión organizativa o administrativa. Es una de las cuestiones más profundas de la *política obrera*. Es el reconocimiento por parte de un número creciente de trabajadores y agricultores de que necesitamos estructuras centralizadas —sindicatos de lucha de clases, un ejército revolucionario y sobre todo un partido comunista proletario— para poder unirnos, luchar de forma eficaz, organizar repliegues y avanzadas, y vencer.

Los trabajadores y agricultores no tenemos la riqueza, las instituciones educativas o de prensa, ni el poderío militar del gran capital. Sin embargo, a la clase obrera y a nuestros aliados explotados el centralismo revolucionario —si trabajamos juntos para forjarlo y nos acostumbramos a él— nos permite aprovechar y desplegar las armas que *sí* tenemos: la solidaridad y la imaginación.

■

Una frase en el prólogo de *Playa Girón,* más que cualquier otra, capta políticamente lo que espero que cada uno de nosotros se lleve de esta reunión hoy. Es de un discurso que Fidel Castro dio el 13 de marzo de 1961, mientras Washington aceleraba su campaña de terror dirigida a derrocar a la revolución cubana. La charla conmemoraba el cuarto aniversario del asalto armado organizado por el Directorio Revolucionario contra el Palacio Presidencial del dictador apoyado por Washington, Fulgencio Batista, y en el que cayó el dirigente estudiantil José Antonio Echeverría.

Hay algo que el pueblo cubano "sí podemos comunicarle al señor Kennedy", dijo Castro ante una multitud que lo ovacionaba. "Que primero se verá una revolución victoriosa en los Estados Unidos, que una contrarrevolución victoriosa en Cuba". Estamos convencidos de que esta frase es tan correcta hoy como lo fue en 1961. No es una predicción: no es una palmada de aliento en la espalda. Significa reconocer cómo funciona el capitalismo, la línea de marcha del pueblo trabajador y la capacidad comunista del movimiento revolucionario en Cuba. Para los revolucionarios en Estados Unidos, en Cuba y en el resto del mundo, esto plantea de forma aguda la famosa pregunta de Lenin: ¿Qué hacer?

La aseveración de Fidel dice mucho de la revolución cubana: y, si uno lo piensa, dice más aun 40 años después de lo que planteó en aquel momento. ¡Y ya decía bastante en 1961! Hoy sabemos que la revolución en Estados Unidos va a ocurrir *después* de que Fidel y la generación que organizó y dirigió la Revolución Cubana ya no sean parte de la dirección en Cuba. Así que cuando decimos que esa declaración se mantiene vigente hoy día, estamos diciendo algo no sólo acerca de la continuidad del liderazgo revolucionario en Cuba sino sobre su relación con la continuidad y la renovación del liderazgo comunista en Estados Unidos y en el resto del mundo.

En sus memorias, Richard Bissell informa que durante las discusiones de alto nivel en la Casa Blanca sobre los planes de invasión en 1961, el secretario de estado Dean Rusk, valiéndose de su amplia experiencia, solía preguntar si "no había algo que se pudiera hacer con 'balas de plata'". Dicho de forma llana, ¿no era posible comprar a un número considerable de dirigentes cubanos? "Tenía la impresión que aún en una operación clandestina bien manejada, uno debía intentar sobornar a sus enemigos en vez de combatirlos".

Bissell comenta entonces, sin ofrecer explicación, que "desafortunadamente, esto no habría funcionado en Cuba". Tenía razón, ¿pero por qué no habría funcionado? La razón tiene que ver con el hecho que el imperialismo yanqui no supo valorar a los trabajadores y campesinos de Cuba. Los gobernantes norteamericanos operaban en base a analogías falsas a todos los niveles. Actuaban a partir de las distorsiones que percibían a través de los lentes de su clase. Ese hecho nos ayuda a comprender por qué el curso de la Revolución Cubana y las posibilidades de la revolución norteamericana que viene han estado tan ligados por más de cuatro décadas. Esto subraya la continuidad indispensable del movimiento obrero revolucionario que se remonta a la revolución bolchevique de octubre de 1917 en Rusia y, aun antes, a la fundación del comunismo moderno y a la labor de un partido comunista internacionalista en la época de Carlos Marx y Federico Engels hace 150 años.

Ante todo, si las "balas de plata" pudiesen haber funcionado en Cuba, entonces tendríamos que concluir que aquella declaración que Fidel dirigió al señor Kennedy en marzo de 1961, no era una declaración de hechos sino sencillamente un artículo de fe, no una trayectoria de acción revolucionaria sino una exhortación, sólo una bravuconada, apenas un intento de puja en el precio.

■

El prólogo del nuevo libro, *Playa Girón*, se basa ampliamente en la historia de la actividad que varios jóvenes —yo era uno de ellos— llevamos a cabo en un recinto universitario de Minnesota en los meses previos a la invasión de Bahía de Cochinos, así como durante y después de ella. Creímos que era importante dejar constancia de esas experiencias, puesto que son un ejemplo concreto de cómo el avance de la Revolución Cubana ha estado entrelazado con la lucha de clases en Estados Unidos y con la construcción del movimiento comunista aquí.

Los revolucionarios en Cuba se interesan mucho al saber que los grandes momentos en su historia han tenido un impacto político en la juventud y el pueblo trabajador en este país. Y a menos que averigüen sobre esos momentos de otros revolucionarios, cuentan con pocas vías para hacerlo. Eso es algo que Mary-Alice Waters, Martín Koppel y yo descubrimos en octubre de 1997, cuando realizamos tres de las entrevistas que aparecen en el libro de Pathfinder, *Haciendo historia*. Las entrevistas se habían planeado con anterioridad de modo que pudiéramos reunirnos con tres generales de las Fuerzas Armadas Revolucionarias de Cuba quienes habían sido dirigentes de las fuerzas de combate que derrotaron a los invasores en Playa Girón. Uno de ellos era José Ramón Fernández. (A propósito, es por eso que *Haciendo historia* es lectura obligada para toda persona a la que le guste el libro que estamos celebrando hoy aquí.) Sin embargo, sucedió que las entrevistas las terminamos realizando el mes en que se conmemoraba el 35 aniversario de la crisis "de los misiles" de octubre. Y así vimos que los generales se interesaron mucho en las protestas y otros esfuerzos para divulgar la verdad que los comunistas y otros partidarios de la Revolución Cubana en Estados Unidos habíamos organizado durante aquellos peligrosos días de 1962. De igual forma en que se interesaron por saber del trabajo que habíamos organizado un año y medio antes en respuesta a la invasión de Bahía de Cochinos.

Debemos recordar que apenas días después de su derrota en Playa Girón, la administración de Kennedy comenzó a hacer planes para una fuerza invasora de decenas de miles de soldados para atacar a Cuba. La invasión sería la culminación de un programa escalonado de ataques encubiertos aéreos y marítimos, actividades terroristas, sabotaje económico y asesinatos. Para fines de 1961 estos planes se habían formalizado como la Operación Mangosta, a cuyo cargo se designó formalmente al general de brigada Edward Lansdale. Sin embargo, esta vez la operación se organizó directamente desde la Casa Blanca, bajo la supervisión del presidente y de su hermano Robert F. Kennedy, quien era el procurador general.

"La participación de Robert Kennedy en la organización y

dirección de Mangosta llegó a ser tan intensa", dice Bissell en sus memorias, "que más bien podría haber sido el subdirector de planes para la operación" —ese era el título oficial del propio Bissell en la CIA—, un eufemismo para el jefe de las actividades encubiertas de la agencia.

"La Operación Mangosta fue una actividad paramilitar más ambiciosa y masiva de lo que había sido Bahía de Cochinos", continúa diciendo Bissell. "Involucró a un número mucho más considerable de personal, así como incursiones relámpago. . . . La Operación Mangosta la observaba de cerca el jefe de estado, y todas las acciones recibían su autorización explícita".

Uno de los "memorandums para dejar constancia" de la Operación Mangosta recientemente desclasificados recoge una reunión de marzo de 1962 en la Oficina Oval para analizar un plan para asesinar a Fidel Castro durante una visita a la antigua casa del novelista Ernest Hemingway cerca de La Habana. El memorándum, redactado por Lansdale, informó que había un "acuerdo de que el asunto era tan *delicado* que ni siquiera debía comunicársele al Grupo Especial" —el grupo conjunto integrado por la CIA, el Pentágono y la Casa Blanca, presidido por Robert Kennedy, que supervisaba la Operación Mangosta— "sino hasta que estuviéramos listos para hacerlo, y aun entonces sin detalles. Señalé que todo esto tenía que ver con *fraccionar al régimen*", eufemismo que significa asesinato.

"De suceder", concluía el memorándum, "se podría propagar rápidamente como reguero de pólvora, como en el caso de Hungría, y debemos estar preparados para ayudarlo a que logre nuestra meta que consiste en una Cuba libre de un gobierno comunista".

Quiero llamarles la atención a la referencia a Hungría que se hace en el memorándum. Lansdale quiso establecer una analogía con la Revolución Húngara de octubre de 1956. En ese año, trabajadores armados se habían sublevado en Hungría contra el brutal régimen estalinista y establecido consejos revolucionarios, antes de que fueran aplastados por tanques soviéticos semanas más tarde.

Sin embargo, este memorándum sobre la Operación Mangosta es otro ejemplo de cómo los gobernantes norteamericanos se dejan engañar por su propia ideología. Porque la revolución socialista cubana no es una variante de un régimen estalinista, uno que quizás al inicio cuente con un apoyo popular más amplio, pero que fundamentalmente es ajeno al pueblo trabajador. Al contrario, el gobierno revolucionario en Cuba —un régimen de trabajadores y campesinos, la dictadura del proletariado— es lo *opuesto* de los regímenes de una casta pequeñoburguesa privilegiada en Hungría, la Unión Soviética, China, Vietnam o en cualquier otra parte. De la misma forma en que el estalinismo no es una forma degenerada del bolchevismo, sino su negación: una corriente contrarrevolucionaria que surgió y se cristalizó en oposición mortal a la continuidad de la trayectoria de Lenin y a sus cimientos internacionalistas proletarios.

Como se comprobó en Playa Girón, y de nuevo año y medio más tarde en octubre de 1962, los trabajadores y campesinos de Cuba no aguardaban el momento oportuno, no estaban a la espera de una fuerza externa para poder alzarse y derrocar al gobierno revolucionario. Más bien, en ambas ocasiones millones de ellos se movilizaron para defender su soberanía nacional y su revolución socialista.

Fidel Castro se ha referido al colapso de los regímenes en la Unión Soviética y Europa oriental como el "desmerengamiento". En Cuba no hubo merengue, ni al comienzo de la década de los sesenta ni hoy.

■

El prólogo de *Playa Girón* también explica cuán natural resulta el trabajo de masas para los militantes que no se han visto obligados a llevar, como resultado de un repliegue prolongado de la clase trabajadora, lo que Farrell Dobbs describiera en cierta ocasión como una existencia semisectaria.

Los jóvenes en la universidad de Carleton cuya historia durante la batalla de Girón se relata en el prólogo no habíamos

recibido una formación política sistemática antes de nuestra
actividad en 1960–61 en defensa de la Revolución Cubana. Algunos habíamos participado antes en actividades a favor de
los derechos civiles, como líneas de piquetes en las tiendas Woolworth en apoyo a las actividades para eliminar la segregación
racial en el Sur. En mi caso en particular, también había paga-
do mi dólar para unirme a la Alianza de la Juventud Socialista
a mediados de mi último año de universidad, pero era el único miembro de la AJS en el recinto y mi militancia siguió siendo en gran parte una formalidad hasta después que me gra-
dué.

Como se explica en el prólogo, tuvimos suerte de que unos
veteranos trabajadores-bolcheviques en las ciudades de
Minneapolis y St. Paul mostraron un verdadero interés en nosotros. Varios de ellos tenían una experiencia considerable en
batallas obreras, incluido V.R. Dunne, quien había sido un cua-
dro del movimiento comunista en Estados Unidos desde su
fundación en 1919 y un dirigente de las batallas de los Teamsters
en la década de 1930. Al igual que nosotros, eran partidarios
resueltos de la Revolución Cubana y de su dirección, y se unían
a las reuniones y mítines de protesta y utilizaban el *Militant*
para ayudar a difundir la verdad entre sus compañeros de trabajo y otras personas. Esa colaboración política nos abrió pano-
ramas totalmente nuevos.

Sin embargo, a pesar de nuestra inexperiencia, las actividades que realizábamos en Carleton, descritas en el prólogo, eran
de muchas formas un modelo de trabajo de masas. Es probable
que para ese entonces nunca habíamos escuchado esa expre-
sión, pero era lo que estábamos haciendo. Y es algo de lo que
aún hoy día pueden sacar lecciones tanto los cuadros en las
ramas de distritos obreros y las fracciones sindicales del Partido Socialista de los Trabajadores, como los miembros de la Juventud Socialista.

Varios de los dirigentes de estas actividades en Carleton ya
para entonces íbamos camino de convertirnos en revolucionarios. Eso lo dábamos por sentado. Pero lo más importante era

que trabajamos con empeño para colaborar con aquellos que aún no eran revolucionarios —o que nunca iban a a ser revolucionarios— pero que por motivos propios se oponían a la agresión militar norteamericana contra una nación soberana. O con aquellos que consideraban intolerable el hecho que la administración y el claustro de la universidad rehusaran otorgar el reconocimiento oficial a un capítulo universitario del Comité Pro Trato Justo a Cuba. O con aquellos a quienes les indignaba que algunos reconocidos catedráticos liberales ni siquiera se molestaran en asistir a la junta del claustro en que se abordaría la cuestión del reconocimiento, ya no se diga que votaran a su favor, por temor a que sus empleos estuvieran en juego.

Además, siempre fuimos francos con todos con quienes trabajamos. Decíamos quienes éramos, y nunca manipulábamos a nadie. Actuamos en base al entendimiento —aun si todavía no habíamos interiorizado todas sus implicaciones políticas— que los hábitos de lealtad y honradez son los cimientos de cualquier trabajo de masas eficaz. A su vez, hacerlo ayudó a prepararnos para que luego comprendiéramos más a fondo por qué tales hábitos son requisitos no sólo para la solidaridad de clase y el sindicalismo más elementales, sino para el centralismo revolucionario que es esencial para la organización más avanzada de la clase trabajadora, un partido comunista.

Nunca abrigamos la ilusión de que pudiéramos fortalecer nuestras filas, o captar a aquellos que aún no estaban convencidos, intentando callar o suprimir de alguna forma las opiniones de quienes apoyaban el curso del gobierno norteamericano o que eran abiertamente derechistas. Los debatíamos políticamente, desenmascarábamos sus mentiras y refutábamos sus argumentos. De eso se trataba la guerra de los tableros informativos que se describe en el prólogo. Por eso lanzamos el programa de oradores Challenge (Desafío): para ampliar la gama de perspectivas disponibles, incluso perspectivas bastante controvertidas, y aumentar así la receptividad al debate. Fue una forma de introducir un poco de vida política a la universidad. Ayudó a vincular a quienes participaban en actividades en apoyo a los derechos de los negros, o contra la caza de brujas del Comité de la Cámara de Representantes sobre Actividades Anti-Americanas (HUAC), en oposición a las políticas de armas nucleares de los regímenes imperialistas, contra la intervención militar norteamericana en Laos, y en apoyo a la Revolución Cubana.

Algunos estudiantes que en un principio no creían lo que decíamos sobre la campaña terrorista organizada por Washington contra el pueblo de Cuba, veían una foto o leían un artículo sobre la tortura y el asesinato de un alfabetizador voluntario, iban entonces a escuchar a un orador, participaban después en una conversación informal y con el tiempo cambiaban de parecer. El gran cambio, como explica el prólogo, se dio con la victoria del pueblo trabajador cubano en Playa Girón. Antes de eso, en el trabajo de solidaridad con Cuba en Carleton habíamos estado activos menos de media docena, pero después de la victoria nuestras filas se ampliaron rápidamente, casi explosivamente.

Tuvimos que aprender de las realidades contra las que todo mundo se topa cuando empieza a participar en el trabajo de masas. De repente, como se describe en el prólogo, el debate universitario cortés cedió ante el *red-baiting* y las amenazas estilo macartista que lanzó el decoroso rector de la universidad. Unas semanas después, el día que se divulgaron los primeros cables con relatos triunfalistas de la invasión, en el comedor del dormitorio más grande irrumpieron los gritos de "¡Guerra! ¡Guerra! ¡Guerra!" Conforme aumentaba la importancia de lo que estaba en juego, se acentuaba también el proceso de decantación. Algunos que anteriormente no habían estado de nuestro lado pasaron por una transformación política profunda durante esas semanas de 1961 y emprendieron un trayecto de por vida que les condujo hacia el movimiento comunista. Otros, que habían estado de nuestro lado antes que se acentuara la presión, pensaron en cómodos futuros en la comunidad académica, y dieron la media vuelta.

Y descubrimos que, a la vez que teníamos que responder a

los argumentos tanto de liberales como de conservadores, bajo condiciones ligeramente más agudas también teníamos que estar preparados para hacer algo más. Debíamos estar preparados a combatir matones derechistas para defender nuestro derecho de organizar una reunión o realizar una protesta pública. El ataque por parte de los reaccionarios Jóvenes Americanos Pro Libertad y otros contra un mitin de protesta en la Universidad de Minnesota (así como las protestas en varias otras ciudades y pueblos) también se describe en el prólogo.

Sólo un año y medio después, en octubre de 1962, 22 estudiantes en la Universidad de Indiana en Bloomington que protestaban contra el bloqueo naval y las amenazas de invasión por parte de Washington contra Cuba, fueron agredidos físicamente por matones de entre una muchedumbre hostil de miles de estudiantes y vecinos del pueblo que ondeaban banderas. A tres miembros de la AJS que habían ayudado a organizar aquella actividad de solidaridad con Cuba les formularon cargos en mayo de 1963 bajo la Ley Contra el Comunismo de ese estado por preconizar el derrocamiento del gobierno norteamericano y del Estado de Indiana, cargos que de ratificarse suponían condenas de uno a tres años de prisión.

El pretexto de la formulación de cargos fue la participación de los tres estudiantes en una reunión en el recinto en la que un dirigente de la AJS que era negro, y que realizaba una gira nacional de conferencias, describió la etapa en que se encontraba el movimiento por los derechos de los negros y se pronunció a favor del derecho de autodefensa frente al terror racista. La AJS publicó el texto completo de su charla en un folleto. Fue necesaria una campaña internacional de defensa de casi cuatro años antes de que obligáramos al Condado de Monroe a que retirara las acusaciones caza brujas contra los estudiantes de Bloomington.

A través de todas estas experiencias, los veteranos comunistas que habíamos llegado a conocer en Minneapolis-St. Paul nos ayudaron a no perder de vista lo que había que hacer en Estados Unidos, para forjar *aquí* un movimiento revolucionario. Varios estudiantes en Carleton, habíamos pasado un tiempo en Cuba en 1960, y un par de nosotros habíamos estado allí el tiempo suficiente como para trabar amistad con algunos jóvenes milicianos y otros revolucionarios. Durante los días de la invasión de Bahía de Cochinos, cuando al hablar por teléfono con Ray Dunne, le hice un comentario con cierta lástima hacia mí mismo, de que me sentía culpable por no estar ahí con ellos en Cuba, Ray respondió como compañero pero sin compasión: "No dudes de lo que la gente a la que más te acercaste en Cuba está haciendo", me dijo. "Están combatiendo. Y dan por sentado que estás haciendo lo mismo, donde sea que estés. Así que más vale que demuestres que tienen razón y dejes de alcahuetear tus emociones".

Fue una buena lección, y fue una lección memorable. Si esa no hubiese llegado a ser nuestra actitud, en verdad jamás habríamos llegado a ser internacionalistas revolucionarios en la práctica. Y la declaración de Fidel que leí hace poco carecería de sentido para nosotros.

El movimiento comunista en Estados Unidos atrajo hacia sus filas a jóvenes de disposición revolucionaria ante el impacto transformador de la Revolución Cubana. Sólo en Carleton, en los años que siguieron, muchos estudiantes fueron reclutados a la Alianza de la Juventud Socialista, ya sea en el transcurso de las actividades que hemos descrito aquí o más tarde por aquellos que participaron directamente en ellas. Una gran mayoría, cerca de una decena, o siguen activos en nuestro movimiento hasta el día de hoy, casi 40 años después, o se mantuvieron activos por el resto de sus vidas.

■

Hoy día nos encontramos en una coyuntura de cierto tipo en la política obrera en Estados Unidos.

Los trabajadores comunistas reconocimos hace varios años que el repliegue en que nuestra clase había estado por una década estaba tocando fondo, y que habíamos entrado a un periodo de renovada resistencia por parte de los trabajadores y agricultores. En lo fundamental, no se trata de que por primera vez en años estemos viendo unas cuantas victorias más en huelgas y en campañas de sindicalización, aunque sí las estamos viendo. Mas bien, constatamos que incluso en las luchas aún más típicas que terminan en punto muerto con los patrones, vamos encontrando grupos de trabajadores que siguen dispuestos a luchar, que buscan cómo solidarizarse con otras luchas, que muestran una predisposición hacia ideas nuevas y radicales sobre las raíces de los problemas económicos y sociales que enfrenta el pueblo trabajador, y hacia perspectivas cada vez más amplias sobre la solidaridad.

El compás de las manifestaciones de este cambio marino en la lucha de clases, claro está, tiene sus altibajos. La resistencia se acelera y se amplía por un tiempo, y luego se enlentece. Los sindicatos, las únicas instituciones de masas del movimiento obrero norteamericano actual, se siguen debilitando. Las tradiciones que fomenta la cúpula sindical —que resultan tanto de su óptica y valores burgueses como de sus condiciones de vida pequeñoburguesas— la dejan totalmente desarmada ante lo que puede hacer erupción de un momento a otro bajo las actuales condiciones de crisis que plagan al capitalismo mundial. Sobre todo, no está preparada para las luchas que se vienen acumulando debajo de la superficie, por no decir que esa posibilidad la aterra. Y la cúpula sindical tampoco puede entender jamás las capacidades de las filas obreras.

Durante la mayor parte de la última década, oíamos cómo la prensa burguesa y los políticos capitalistas hablaban cada vez más de la "nueva economía". Nos decían que la nueva época a la que había entrado el capitalismo se alimentaba del "milagro de la productividad" al que daban impulso las computadoras. Números crecientes de voceros burgueses llegaban al extremo de sugerir que las recesiones y los ciclos comerciales eran cosa del pasado.

Sin embargo, hoy día están surgiendo unos cuantos hechos más que confirman lo que los trabajadores comunistas hemos venido explicando durante todo este tiempo.

Primero, en la medida que durante la última década ha aumentado lo que la burguesía mide como productividad laboral —que está lejos de ser el tan cacareado "milagro"—, ésto no es producto ni de las computadoras ni de la Internet. Los patrones han aumentado sus márgenes de ganancias recortando los salarios reales y las prestaciones, acelerando la producción, prolongando la semana laboral, aumentando los trabajos temporales y de media jornada, y reduciendo los programas de seguro social financiados por el gobierno. Y debido a la maldirigencia del movimiento sindical, la clase patronal ha logrado salirse con la suya de forma considerable.

En segundo lugar, el prolongado ascenso en el ciclo comercial en la década de 1990 —y en base a las normas capitalistas fue prolongado, al durar casi 10 años— no se basó en una aceleración histórica en la inversión de capital para expandir la capacidad productiva. No se basó en la incorporación de más y más trabajadores a las plantas, minas y fábricas, y en el aumento masivo de la producción de bienes vendibles. O sea, no se basó en una expansión importante de la riqueza social. Al contrario, la prolongada recuperación fue el producto de una gigantesca burbuja especulativa, una enorme montaña de deudas.

Por ejemplo, mientras que los precios de las acciones según el Promedio Industrial Dow Jones subieron en un 225 por ciento entre 1994 y su punto máximo en enero de 2000 (y eso es algo moderado si se compara al aumento de más del 500 por ciento durante el mismo periodo en el índice de acciones NASDAQ, dominado por empresas de alta tecnología), el Producto Interno Bruto de Estados Unidos aumentó sólo un poco más del 25 por ciento y las ganancias empresariales alrededor del 65 por ciento. En realidad, mientras el valor bursátil total de todos los valores emitidos en Estados Unidos, calculado según el precio de sus acciones, nunca fue mucho más allá del 75 por ciento del PIB en el siglo veinte (y eso sólo sucedió en la víspera de la caída de la bolsa de 1929 que anunció la Gran Depresión), en los últimos años de la década de 1990 se disparó hasta alcanzar el 175 por ciento del PIB.

En lo que se refiere a los niveles de endeudamiento, la deuda empresarial explotó en la segunda mitad de la década de 1990. En parte fue impulsada por un torrente de fusiones multimillonarias que aumentaron aún más y de forma sustancial la concentración de capital en Estados Unidos. Los niveles de endeudamiento sobrepasaron los alcanzados incluso durante el atracón de préstamos de los años ochenta, que a su vez ayudó a preparar el terreno para la caída de la bolsa de valores de 1987. Sólo el año pasado, la deuda empresarial se disparó hasta cerca de medio billón de dólares.

Y las deudas personales subieron de forma vertiginosa a niveles récord, como nos consta concretamente a la mayoría a partir de las experiencias de nuestros compañeros de trabajo, familiares, amigos, y las cuentas de nuestras tarjetas de crédito. El número de despidos también comenzó a aumentar rápidamente desde finales del año pasado. Sube también el número de trabajadores que solicita prestaciones por desempleo. La otra cara de la campaña de los patrones para mantener reducidos "inventarios justo a tiempo" ha sido el aumento en la volatilidad de la demanda de mano de obra, incluido un crecimiento explosivo en el número de trabajos temporales, o lo que algunos redactores y economistas burgueses fríamente dan por llamar "mano de obra justo a tiempo".

Así es que a pesar del triunfalismo burgués de la década de 1990, se está confirmando la vulnerabilidad del capitalismo mundial a las sacudidas repentinas y desestabilizadoras. Un mayor deterioro de la crisis agrícola, una expansión de la crisis energética de California, la bancarrota de otro "fondo de cobertura" (hedge fund) de Wall Street plagado de deudas y que tenga aprisionados a los grandes bancos, un colapso financiero que comience en Argentina o en Indonesia, un bajón del valor del dólar, una racha de quiebras bancarias que resulten de estas u otras sacudidas: estos son sólo algunos del sinnúmero de posibles acontecimientos que pueden sumir a los trabajadores y agricultores en Estados Unidos y otros países imperialistas en una crisis social y económica cada vez más profunda.

Por supuesto, por toda Africa y gran parte de América Latina y Asia, cientos de millones enfrentan ya un catastrófico descenso económico, que han enfrentado por casi dos décadas. Sin embargo, hasta en las áreas más devastadas del mundo semicolonial ha prosperado un número minúsculo de familias privilegiadas, lo mismo que una clase media más numerosa y grupos pequeños de trabajadores en diversos países. Es más, la crisis capitalista ha tenido efectos muy desiguales y polarizados, dando pie a la ilusión en ciertas partes de Latinoamérica y particularmente en Asia (los "Tigres") de que aún se pueden presentar solicitudes de ingreso al club de naciones capitalistas industrialmente avanzadas. Pero el funcionamiento del sistema de mercado y la estructura de clases que éste reproduce y refuerza implacablemente por todo el mundo, están confirmando una vez más lo que Lenin explicó a los trabajadores y agricultores la víspera de la Revolución Rusa en su folleto *El imperialismo: fase superior del capitalismo,* que para comienzos del siglo veinte la puerta de ese club exclusivo la habían cerrado de un portazo y para siempre.

La actual cúpula del movimiento sindical en Estados Unidos trata de hacerse de la vista gorda ante estas realidades. Prepararse para la batalla significa que en algún momento uno podría tener que combatir, y es precisamente ésa la inquietante posibilidad que más temen los burócratas sindicales. No tienen la menor intención de hacerlo.

Sin embargo, la mezcla explosiva que se va acumulando en Estados Unidos se ve enriquecida por el cambio constante en la composición de la clase trabajadora en este país. La inmigración está cambiando la faz de la población trabajadora prácticamente en todos los países imperialistas excepto Japón. Pero en ningún lugar en grado similar a lo que sucede aquí. En ninguno.

Al buscar mano de obra barata, el capital financiero norteamericano continúa atrayendo a agricultores que por todo el Tercer Mundo son expulsados de sus tierras y quedan sin trabajo o medios para su sustento. Atrae a trabajadores decididos a aprovechar los salarios relativamente más altos que ofrece, para sostener a sus familias y asegurarse unos ahorros con qué superarse. En el último lustro, aproximadamente la mitad de todos los que emigraron a los países imperialistas vinieron a Estados Unidos, ¡la mitad! Los gobernantes norteamericanos saben que estas afluencias masivas de trabajadores son esenciales para el "milagro de la productividad" y la campaña en pos de ganancias que son cruciales para ampliar más aun la ventaja que tienen sobre sus rivales capitalistas en Alemania, Francia, Japón, así como en el resto de Europa y Asia.

Como resultado de esta inmigración, la ciudad de Nueva York ha crecido casi en un 10 por ciento en los últimos 10 años, y Chicago y varias otras ciudades cuya población había declinado en el medio siglo que siguió a la Segunda Guerra Mundial, crecieron durante la década de 1990. Cerca del 11 por ciento de la población norteamericana actual nació en el exterior, y el porcentaje de inmigrantes en la clase trabajadora es considerablemente más alto aun.

Al comienzo del siglo veintiuno, Estados Unidos es el único país en el mundo imperialista cuya tasa de crecimiento poblacional va en aumento, no en decadencia; es también el país imperialista en que la mediana de la edad poblacional va subiendo más lentamente.

La clase trabajadora norteamericana se está volviendo *más joven*. Da placer pensar en las implicaciones que este hecho tiene para las posibilidades de transformar el movimiento obrero y construir un partido proletario revolucionario.

Hoy está cambiando lo que significa ser un "trabajador norteamericano". La experiencia y las tradiciones —así como la imagen— de la clase trabajadora y del movimiento obrero en Estados Unidos se ven enriquecidas por las diversas culturas y lecciones de luchas de los trabajadores y campesinos de América Latina y el Caribe, de Asia y Oceanía, de Africa, del Medio Oriente y de otras partes. A través de luchas comunes, y al reconocer cada vez más que la solidaridad es esencial, estos trabajadores están descubriendo formas de comunicarse entre sí.

Están descubriendo formas de trabajar y —en más y más casos— formas de luchar, hombro a hombro.

Lo más importante es el hecho que el movimiento comunista en Estados Unidos —a través de la mezcla de centros de trabajo y sindicatos donde encontramos empleo; a través de los distritos obreros donde ubicamos nuestros locales y librerías; a través de nuestros programas regulares del Militant Labor Forum; a través de nuestros esfuerzos para producir y vender periódicos, libros y folletos tanto en inglés como en español, y en la medida de lo posible en francés— está empezando a descubrir más y más formas para que la actividad, la composición y dirección del partido revolucionario reflejen esta clase trabajadora norteamericana cambiante.

Algunos de ustedes recordarán que a finales de la década de 1980, los partidarios de la Pathfinder organizaron a artistas de todo el mundo para que pintaran un mural de seis pisos en una pared de su edificio. La pancarta que se extendía en la parte inferior del mural declaraba en inglés, español y francés: "For a world without borders. Por un mundo sin fronteras. Pour un monde sans frontières". Entre otras cosas, esa consigna se vinculaba a luchas en las que estábamos involucrados en aquel entonces para impedir que el gobierno norteamericano deportara a varios luchadores y los entregara a la policía en México, Irlanda del Norte y otros países. Y siempre señalamos que si bien es imposible lograr un mundo sin fronteras bajo el capitalismo, *la lucha para alcanzar esa meta* es una parte esencial de la movilización de fuerzas de clase necesarias para derrocar a ese brutal y opresivo sistema social en un país tras otro por todo el mundo.

Esta transformación de la clase trabajadora en Estados Unidos y en otros países imperialistas es *irreversible*. Los capitalistas los pueden hacer que vengan, pero no los pueden echar.

Trabajadores y agricultores sometidos a la esclavitud de las deudas en sus países de origen, tanto por sus explotadores nacionales como por el imperialismo, están llegando a este país a raudales para convertirse en esclavos asalariados. Para las familias dominantes norteamericanas, ese proceso constituye un motor cada vez más indispensable de la acumulación de capital. A medida que esas familias inflan más globos de deudas —y globos más grandes— a nivel mundial, con la esperanza de contrarrestar la sobreproducción capitalista y renovar los mercados mundiales, aquellos que son las principales víctimas del endeudamiento se unen a otros sepultureros del orden mundial imperialista, aquí mismo en su bastión más poderoso. A los trabajadores con conciencia de clase estos cambios históricos nos llenan de regocijo. Nos regocija que estas brigadas de refuerzo vengan a brindarle ayuda a nuestra clase, renovando la heterogeneidad y riqueza del movimiento obrero. La histórica ola de inmigración transforma al movimiento proletario en Estados Unidos en algo que cada vez más se puede reconocer como la clase que va a derrocar al capitalismo.

■

Las batallas en que nosotros y otros trabajadores vamos a combatir las está preparando sobre muchos frentes la propia trayectoria de la clase dominante.

Los trabajadores que hemos estudiado y asimilado algunas de las lecciones arduamente adquiridas por nuestra clase —quienes hemos comenzado a utilizar el arsenal político publicado y distribuido por Pathfinder, el registro acumulado de más de 150 años de lucha en el mundo entero— podemos ayudar a otros trabajadores a comprender mejor la fuente de nuestra explotación y opresión. Podemos ayudar a que otros trabajadores y agricultores reconozcan que las condiciones que enfrentamos resultan de cómo *funciona* el capitalismo, y no de cómo a veces no funciona. Podemos ayudarles a ver que la causa de nuestros problemas no es uno u otro de los partidos de los patrones: los republicanos pero no los demócratas o viceversa. Tampoco son los maldirigentes sindicales, cuya trayectoria de colaboración de clases pone trabas a nuestra capacidad de luchar de forma eficaz y triunfar.

Nuestros enemigos de clase son los propios capitalistas y el sistema bipartidista que en Estados Unidos sirve como el principal puntal político de su régimen. Nosotros no tenemos intereses comunes con los capitalistas. Todo lo que tratan de decirnos sobre "nuestro país", "nuestro estilo de vida", "nuestro idioma", "nuestra industria", "nuestras fábricas", son mentiras. El centro de la mentira está en lo de "nuestro". Pretende desviarnos y dividirnos de aquellos con quienes sí tenemos intereses comunes: los trabajadores, los pequeños agricultores y el pueblo trabajador explotado de todos los países. Todos nosotros compartimos los mismos enemigos de clase: las clases dominantes imperialistas y los terratenientes y capitalistas nacionales dominados por el imperialismo en todo el mundo. Para el pueblo trabajador, esos son los únicos "nosotros" y "ellos" que tienen significado alguno.

William Clinton, el político a quien los liberales, sin perturbarse, a veces describen como el primer presidente negro, acaba de terminar su mandato. Desde el comienzo hace ocho años, los trabajadores comunistas insistimos que Clinton de ninguna manera era amigo de la clase trabajadora, que iba a ser un presidente de guerras, un presidente de prisiones, un presidente de la pena de muerte, en resumen, un presidente, como los que le precedieron, cuya trayectoria nacional e internacional iba encaminada a defender los intereses de clase de las familias dominantes norteamericanas. Lo mismo puede decirse del sucesor de Clinton, George W. Bush, y del Congreso bipartidista, tanto antes como ahora.

Apenas horas antes de que juramentaran a Bush el 20 de enero pasado, Clinton dio la orden para que aviones de guerra norteamericanos bombardearan objetivos civiles en el sur de Iraq. Luego, menos de un mes después, Bush envió aviones norteamericanos para que atacaran barrios en las afueras de Bagdad, lanzando 28 bombas de racimo. Estas armas, que dispersan miles de pequeños dispositivos explosivos, están diseñadas con un solo objetivo: matar y mutilar, despedazar los cuerpos del número máximo de hombres, mujeres y niños. (El *Militant* fue el único periódico donde uno pudo haber averiguado acerca de las bombas de racimo, a no ser que haya podido ver la edición del *Washington Post* en la Internet el 26 de febrero. Los directores del *Post* se aseguraron que el artículo jamás apareciera en la edición impresa.)

Los ataques contra Iraq por parte de Clinton y Bush prácticamente fueron una repetición del traspaso de poder del viejo Bush a Clinton ocho años antes. Durante los días previos a la toma de protesta de enero de 1993, la administración republicana saliente desató una lluvia de bombas contra Iraq, y la nueva administración le siguió el ejemplo a la semana siguiente. A partir de entonces, las fuerzas armadas norteamericanas y británicas han mantenido el bombardeo de Iraq de forma prácticamente incesante; Naciones Unidas informó que dichas acciones dejaron un saldo promedio de un civil iraquí muerto cada dos días en 1999 y 2000. Otros han resultado heridos y muchos mutilados de por vida.

El uso de las nefastas bombas de racimo contra el pueblo iraquí por parte de Washington nos debería hacer recordar otra cosa que dijo Fernández en su testimonio. El general cubano informa que en Bahía de Cochinos el gobierno norteamericano había suplido a los mercenarios con bombas de napalm, y las utilizaron contra las fuerzas defensoras cubanas. Al citar una declaración publicada por uno de los pilotos mercenarios, Fernández señala que los aviones de los invasores llevaban tres toneladas de esta arma, la cual lanza una gelatina incendiaria que se pega a la carne de los seres humanos, quemándolos y asfixiándolos hasta matarlos. Las leyes internacionales de guerra firmadas por los gobiernos de todo el mundo, dijo Fernández al tribunal en La Habana, prohiben "el empleo de armas y proyectiles o materiales destinados a causar aquellos males, aquellos daños contrarios a las leyes normales de la humanidad. Y nos encontramos que, violando lo anterior, esas bombas están siendo utilizadas por las Fuerzas Armadas de Estados Unidos".

En la medida en que muchos de nosotros estamos conscientes del uso del napalm por los gobernantes norteamericanos, a menudo lo asociamos exclusivamente con el sufrimiento atroz que Washington infligió a decenas de miles de campesinos y trabajadores durante la guerra de Vietnam. Pero ya antes el imperialismo estadounidense lo había empleado contra los japoneses en el Pacífico, durante el arrasamiento brutal de Corea del norte que Washington perpetró unos años después, y contra el pueblo cubano en Bahía de Cochinos. (El imperialismo francés también lo utilizó durante sus fallidas guerras para aplastar las luchas independentistas argelina y vietnamita.) Podemos dar muchos ejemplos más de esta política bipartidista.

A pesar de que el Bush del Gran Petróleo no se inclinará a rivalizar el historial del presidente más pro-israelí desde Harry Truman, su administración sí continuará la política de la administración de Clinton de apoyar los ataques asesinos de Tel Aviv contra los palestinos que luchan por la devolución de su patria.

Los dos partidos perseguirán sus esfuerzos en los Balcanes —desde Bosnia hasta Serbia, pasando por Kosova y ahora Macedonia— de derrocar las conquistas de la Revolución Yugoslava, restaurar ahí las relaciones capitalistas y reforzar el peso del imperialismo norteamericano como la potencia militar "europea" predominante. Las diferencias girarán en torno a cómo hacerlo de la manera más eficaz.

Bajo Clinton, la expansión de la OTAN ha extendido el alcance de la fuerza armada de Washington hasta las fronteras mismas de la antigua Unión Soviética. Durante la campaña presidencial, tanto Albert Gore como George W. Bush abogaron por una mayor expansión. Los próximos países en la lista —Lituania, Letonia y Estonia— acercarían la presión militar más aún a los principales centros urbanos del estado obrero en Rusia.

Las administraciones de Clinton y de Bush, con el respaldo bipartidista del Congreso, han impulsado planes para un sistema contra misiles balísticos. Washington pretende lograr la capacidad de lanzar un primer golpe nuclear estadounidense frente a todas las potencias mundiales que tienen arsenales nucleares, desde Moscú hasta París y Londres. Como hicieron los gobernantes estadounidenses al fundar la OTAN en 1949, *ante todo* pretenden utilizar su poderío militar para aumentar su dominio político con relación a "Europa".

En términos más inmediatos, un sistema norteamericano contra misiles balísticos apuntará hacia China y Corea del Norte, dos países en Asia donde se sacudieron el yugo imperialista y derrocaron las relaciones sociales capitalistas hace medio siglo. Washington ya tiene cientos de misiles con ojivas nucleares que apuntan contra estos dos países. Además, los gobernantes de Estados Unidos quieren infundirle terror al gobierno de cualquier país semicolonial —Iraq, Irán, India, Paquistán— que haya construido defensas basadas en misiles que pudieran utilizarse contra una futura agresión imperialista. Los planes, ya iniciados bajo Clinton, para desarrollar un sistema de Defensa contra Misiles de Teatro (TMD) basado en Alaska, servirán como punto de partida para que la administración de Bush haga propuestas más extensas de Guerras de las Galaxias. La esencia de este plan será una plataforma de ataque de base submarina y espacial que apunte contra los misiles en la fase de ascenso.

Por último, con relación particular a lo que hoy estamos celebrando, debemos señalar el apoyo bipartidista abrumador que Washington ha recibido durante sus 40 años de continua agresión económica, política y militar contra la Revolución Cubana. Durante los últimos meses de su presidencia, Clinton firmó un proyecto de ley de financiamiento agrícola que —además de forrar los bolsillos a las grandes empresas agrícolas y a los agricultores capitalistas a costa de los pequeños agricultores— contenía una enmienda para hacer que las restricciones administrativas a los viajes a Cuba, que han existido por mucho tiempo, se convirtieran en ley federal. Ahora los residentes de Estados Unidos que visitan Cuba encaran sanciones no sólo civiles sino criminales.

Entre los actos hostiles realizados durante su mandato de ocho años —actos demasiado numerosos como para abordarlos—, en 1996 Clinton promulgó la "Ley de la Libertad y Solidaridad Democrática Cubanas", conocida como la Ley Helms-Burton, la cual refuerza el embargo económico norteamericano contra Cuba. Cuatro años antes, cuando era el candidato demócrata en 1992, tomó la iniciativa para promover otra medida destinada a reforzar la guerra económica de Washington contra Cuba, la mal llamada Ley de la Democracia Cubana, o Ley Torricelli, que firmó el presidente republicano de ese entonces. La nueva administración de Bush, tanto con palabras como con hechos, está cumpliendo su propia promesa de campaña de continuar sobre esa trayectoria.

También se ha profundizado sobre muchos frentes la guerra de los patrones y sus dos partidos contra el pueblo trabajador a nivel nacional.

• Un hito en este ataque, tanto para la administración de Clinton como para el Congreso controlado por los republicanos, es la llamada Ley de Reconciliación de la Responsabilidad Personal y la Oportunidad de Empleos, promulgada en 1996. Esta medida eliminó la Ayuda para Familias con Hijos Dependientes y limitó los beneficios de asistencia pública a una familia determinada a no más de cinco años en toda la vida. La "reforma" de Clinton fue más que una encarnación de la promesa electoral reaccionaria que había hecho cuatro años atrás, "de acabar con la asistencia pública tal como la conocemos". Fue el éxito más importante de los gobernantes, hasta la fecha, en sus esfuerzos iniciales por erosionar el sistema federal del Seguro Social: una conquista lograda por el pueblo trabajador con las luchas que forjaron los sindicatos industriales en la década de 1930, y que se amplió notablemente gracias al movimiento masivo por los derechos civiles de los años sesenta.

Poco antes de completar su mandato, Clinton se jactaba de que 8 millones de personas a nivel nacional habían sido eliminadas del padrón de la asistencia pública: una reducción del 60 por ciento. Sin embargo, lo que los partidarios burgueses de esta ley no proclaman tan fuertemente es que la gran mayoría de estos individuos, si es que acaso han logrado encontrar empleos, se han visto forzados a aceptar trabajos al salario mínimo o cerca del mínimo, sin prestaciones médicas ni pensiones o con pocos beneficios. Y esto ocurre en la cima del ciclo comercial capitalista. Cuando a los primeros afectados por el plazo límite de cinco años les suspendan permanentemente los pagos por asistencia pública en los próximos meses, se verán en medio de los cesanteos y el creciente desempleo que ya hemos señalado.

Es útil recordar que la ley de asistencia pública de Clinton —no sólo sus elementos básicos, sino hasta el *nombre* y todo— fue apropiada en su totalidad de una cláusula del llamado Contrato para América: el programa que prometió la mayoría republicana, encabezada por Newt Gingrich, que arrasó con las elecciones al Congreso en 1994.

La ley de 1996 fue la primera medida en casi dos tercios de siglo en la cual una categoría entera del pueblo trabajador —madres solteras y sus hijos— ha sido excluida de las protecciones que el Seguro Social les garantiza a los jubilados, a los niños, a los trabajadores lesionados o cesanteados y a otras personas susceptibles a la inestabilidad y estragos inherentes al capitalismo, tanto en épocas buenas como malas. Es más, es una sección de la clase obrera que en Estados Unidos está creciendo: hoy día casi la tercera parte de los niños nacen de mujeres que empiezan a criarlos en los llamados hogares con sólo uno de los padres, los cuales actualmente representan casi la mitad de las unidades familiares.

Al igual que el cambio en la composición de la clase obrera a raíz del creciente peso de los trabajadores inmigrantes, también este cambio en la estructura de la familia es irreversible: es producto de la mayor independencia económica que las mujeres han logrado como resultado de su mayor integración a la fuerza laboral y de las conquistas sociales obtenidas durante la lucha por la liberación de la mujer. La pobreza y crisis social que esto también supone para millones de mujeres y niños de la clase trabajadora dan constancia de la realidad de las relaciones de clases bajo el capitalismo y del hecho de que sólo una revolución socialista puede abrir la puerta para la transformación de estas opresivas relaciones sociales.

• A pesar de su retórica electoral, la nueva administración de
Bush no es más propensa que sus antecesoras a tratar de lanzar
un ataque frontal contra el fallo de la Corte Suprema en el caso
Roe contra Wade, que en 1973 despenalizó el aborto. Al mismo
tiempo, el propio funcionamiento normal del sistema capitalista se va a combinar con las consecuencias de la ofensiva de la
clase gobernante contra las condiciones de vida de la clase obrera
para seguir reduciendo el acceso al aborto. El hecho que actualmente en una de cada tres ciudades y en el 90 por ciento de los
condados de Estados Unidos no existen centros médicos que
ofrezcan servicios de aborto, el simple hecho de los costos de
viaje y alojamiento significa que las mujeres de la clase trabajadora están en desventaja. Ya no se digan los tantos otros obstáculos promulgados por distintos gobiernos estatales, en cuanto a
la edad y el "consentimiento" de los padres, plazos de espera y
asesoramiento obligatorio sobre "alternativas".

• Con el apoyo de ambos partidos en el Congreso, Clinton
promulgó leyes con las que se amplió el número de condenas de
prisión obligatorias y se prolongó su duración, se redujeron las
protecciones contra registros y confiscaciones arbitrarias por
parte de la policía y los tribunales, se aumentaron los embargos
de propiedades *antes* de juicios, y se financió un incremento récord de policías provistos de armas más mortíferas en las calles.

• Tanto Clinton como Bush puede reclamar como propio el
vergonzoso título de "presidente de la pena de muerte". Clinton
promovió y suscribió leyes que ampliaron considerablemente
el número de crímenes federales castigables con la pena de
muerte, y bajo su presidencia se redujo severamente el derecho
de los presos condenados a muerte de entablar peticiones de
habeas corpus para que un tribunal federal evalúe sus casos. Por
otra parte, mientras Bush estaba haciendo campaña para presidente en el 2000, el estado de Texas, del cual él era entonces
gobernador, llevó a cabo el asesinato legal del mayor número
de presos en un solo año en un solo estado en la historia de
Estados Unidos. Es más, esas 40 ejecuciones fueron sólo una
cuarta parte del total de ejecuciones efectuadas durante los seis

años de Bush como gobernador.

• Durante los ocho años de la presidencia de Clinton, el número de personas tras las rejas en las cárceles norteamericanas se duplicó a dos millones. Aunque Estados Unidos tiene el 5 por ciento de la población mundial, actualmente tiene el 25 por ciento de los presos del mundo. Como ha sucedido a lo largo de la historia, la inmensa mayoría de los reos son trabajadores o agricultores, y el mazo da con más fuerza a los que son negros, latinos e indígenas. Hoy día, uno de cada tres hombres negros jóvenes está o preso o bajo libertad bajo palabra o condicional. Se han vuelto más y más la norma los encierros de los reos sin permitirles que salgan de sus celdas o el mantenerles incomunicados, con todos los efectos deshumanizantes que esto ejerce sobre el espíritu humano.

• El número de servicios "privatizados" —incluso el de prisiones privadas— sigue creciendo, y ahora presenciamos el aumento implacable de un fenómeno que lo acompaña: la mano de obra en las prisiones. Hace unos días, el *Wall Street Journal* publicó un artículo sobre la expansión de los programas que ofrecen a reos de las prisiones estatales para que se les contrate. El artículo, que señalaba el surgimiento de lo que denomina "la versión carcelaria de [la agencia de empleos temporales] Kelly Girls", llevaba el titular, "La prisión como centro de ganancias: El trabajo y costo de los reos mejoran la ganancia neta; una agencia de empleos temporales tras las rejas".

En las prisiones de Oregon, explica el artículo, "los patrones no ofrecen un plan de jubilación, vacaciones o prestaciones médicas, ni tampoco aportan al Seguro Social, al seguro de indemnización por incapacidad o enfermedades de trabajo, o al Medicare. . . . La contratación de reos puede significarle al patrón una reducción de costos salariales del 35 por ciento". Por lo tanto, añade el artículo, "los empresarios ahora prácticamente ruegan por conseguir mano de obra de las prisiones". Como en los buenos tiempos de antaño: cadenas de presos de la Nueva Economía.

Las prisiones que son certificadas por el programa federal de

Mejoramiento de las Industrias de Prisiones, agrega el artículo, reciben una prima; se les permite vender los productos del trabajo presidiario en el comercio interestatal. A los presos involucrados en este programa "de estímulos" del gobierno norteamericano "se les debe permitir que se queden con por lo menos" —es decir, no más de— "el 20 por ciento de lo que ganen. El resto de su salario puede ser deducido para pagar impuestos a los ingresos, obligaciones de sostenimiento infantil, costos de alojamiento y comida, y pagos que corresponden a los fondos de ayuda para las víctimas".

• En 1996, Clinton promulgó la Ley de Reforma de la Inmigración Ilegal y Responsabilidad del Inmigrante, fue aprobada por un Congreso republicano. La ley amplía la autoridad del Servicio de Inmigración y Naturalización (INS) para detener y deportar a las personas acusadas de ser inmigrantes "ilegales", negándoles el derecho a un recurso judicial o una apelación. Al mismo tiempo, la Casa Blanca y el Congreso financiaron la expansión de la odiada "migra", hasta convertirla en la agencia policiaca federal más grande, la cual en años recientes ha aumentado las redadas de fábricas y deportaciones a niveles récord.

Lejos de querer frenar el flujo de mano de obra del continente americano y de otras regiones, los gobernantes pretenden usar sus medidas represivas para aumentar la inseguridad y el miedo entre los inmigrantes, con la esperanza de mantenerlos como reserva de mano de obra superexplotada y disuadirlos de participar en los esfuerzos de sindicalización y otras batallas sociales y luchas políticas.

• Bajo las disposiciones al estilo de la *Star Chamber* feudal de la Ley de Antiterrorismo y Pena de Muerte Efectiva de 1996, el gobierno norteamericano ha mantenido a más de una veintena de personas bajo "detención preventiva" sin derecho a fianza, sobre la base de "pruebas secretas". La mayoría son inmigrantes de países árabes o de otros países mayoritariamente musulmanes que han sido acusados de tener conexiones con "organizaciones terroristas", la palabra clave que los gobernantes norteamericanos usan cada vez más para justificar tanto sus arremetidas contra los derechos democráticos dentro del país como sus ataques militares en el extranjero. En total, unas 20 mil personas se encuentran en las cárceles norteamericanas aguardando el desenlace de amenazas de deportación: un aumento del 245 por ciento sólo en los cinco años desde que se adoptó la ley antiinmigrante.

• El año pasado, y nuevamente con apoyo bipartidista, la administración Clinton explotó cínicamente su negativa de regresar al niño cubano Elián González a su país durante seis meses, con el fin de maquillar la imagen del INS y sentar precedentes jurídicos que refuerzan los poderes de esa agencia que están exentos de examen judicial. La redada efectuada en abril del 2000 por comandos de la migra fuertemente armados, para sacar al niño de una casa en Miami, no sólo reforzó los poderes de la Patrulla Fronteriza, sino que asestó un golpe contra los derechos de todos los residentes de Estados Unidos —garantizados por la Cuarta Enmienda de la Constitución— de estar protegidos contra registros e incautaciones arbitrarios.

• Durante los últimos días de su mandato, Clinton emitió una orden presidencial que estableció un "zar de contrainteligencia", y esta misma semana Bush hizo un nombramiento a este nuevo cargo de espionaje de alto nivel. Según las versiones de la prensa, el cargo está "destinado a facilitar niveles de cooperación sin precedentes entre el FBI, la CIA y el Pentágono, y —por primera vez— involucrará al resto del gobierno y también al sector privado". ¿Y también al sector privado? ¿Qué agencias policiacas del "sector privado" están incluidas? ¿Qué policías de alquiler rompehuelgas gozarán ahora de más protección y estímulos por parte del gobierno federal?

El "zar" será responsable ante una junta compuesta por funcionarios de alto nivel de la CIA, del FBI, del Pentágono y del Departamento de Justicia, y a su vez presidirá una Junta Nacional de Política de Contrainteligencia, que también estará integrada por funcionarios del Departamento de Estado, del Departamento de Energía y del Consejo de Seguridad Nacional

de la Casa Blanca. El antiguo alto funcionario de la CIA que
desarrolló el llamado plan de Contrainteligencia para el Siglo
21, explicó a una publicación que el "CI-21" dará prioridad a
"las 'joyas reales' de la prosperidad y la seguridad nacional
norteamericanas", y le dijo al *Washington Post* que pretende
defender "no sólo los bienes esenciales del gobierno sino también la infraestructura de computadoras utilizada tanto por el
gobierno como por la industria privada".

Un periodista de la prensa burguesa que cubría la creación
del nuevo cargo escribió que esto obligará "al público estadounidense a reexaminar conceptos, aceptados desde hace mucho tiempo, de qué es lo que constituye la seguridad nacional y
los límites, anteriormente claros, entre los órganos del orden
público al interior del país, los que recogen inteligencia extran-
jera y los de mantenimiento de la defensa".

En breve, el zar de contrainteligencia aglutinará las operaciones "antiterroristas" de Washington desde Irán, Corea y Cuba
hasta el nuevo inmigrante del vecindario. Integrará la "guerra
antidrogas" de los gobernantes norteamericanos desde las nuevas bases militares en Colombia y Ecuador hasta los barrios
obreros y los vestuarios de las fábricas por toda Norteamérica.
Centralizará a los soplones, las intervenciones de teléfonos, el
espionaje al correo postal y al correo electrónico, y otras operaciones policiacas secretas del gobierno estadounidense, tanto
contra los "enemigos" en el exterior como contra el movimiento sindical y las organizaciones de protestas sociales en Estados
Unidos.

Ya sea que involucre "hacer peligrar la seguridad nacional" o
"entregar secretos de negocios", los gobernantes norteamericanos pondrán empeño en hallar algún cargo fabricado que dé
resultados.

No me refiero al nuevo zar de contrainteligencia de las administraciones de Clinton y Bush porque haya motivos para anti-
cipar una tremenda ola de represión en lo inmediato. Pero los
gobernantes estadounidenses ya están haciendo ajustes a lo que
habían hecho durante la última década. Saben que enfrentarán

batallas más grandes y numerosas a medida que la competencia capitalista internacional los obligue a recortar salarios, prolongar la jornada laboral, intensificar el ritmo de producción, reducir las protecciones del seguro social y aplastar los sindicatos. Y se están preparando para defender sus intereses de clase.

Así que antes de concluir vale la pena decir unas palabras sobre las luchas que el movimiento obrero necesita impulsar en este país para defender los intereses de clase de los trabajadores y agricultores por todo el mundo.

■

Dado el dominio indiscutido que la clase capitalista ejerce sobre la política, los medios de comunicación masiva y la educación —junto a las perspectivas nacionalistas de América Primero de la cúpula sindical—, es muy fácil que los trabajadores y agricultores piensen y actúen completamente dentro del marco de las leyes, los veredictos judiciales y las órdenes ejecutivas de los partidos burgueses gemelos, los demócratas y los republicanos.

Ahora mismo, por ejemplo, uno no puede encender el televisor o leer un periódico sin verse bombardeado por la propuesta de Bush para reducir impuestos y las versiones modificadas de dicha propuesta promovidas por distintos congresistas demócratas y republicanos. Debido a los trámites burocráticos en que se ha enmarañado más y más el impuesto a los ingresos en los últimos 50 años —¡el manual de instrucciones para la más sencilla declaración de impuestos federales al ingreso, *la más sencilla*, tiene 33 páginas!— no sorprende que muchos trabajadores y agricultores se vean atraídos a la idea de un impuesto fijo (*flat tax*).

Los trabajadores sabemos que las categorías impositivas para los ricos se establecen oficialmente con porcentajes más elevados. Pero también sabemos que la ley está diseñada intencionadamente para que se parezca a un trozo de queso suizo. Los contadores y abogados caros con mucho gusto ofrecen sus ser-

vicios a los acaudalados y aprovechan todos los escondrijos y
protecciones impositivas que conscientemente están redacta-
dos en la letra menuda de los miles y miles de páginas del có-
digo de impuestos. El resultado, como lo sospechan millones
de trabajadores, es que nadie que tenga capital paga impuestos a tasas que siquiera se aproximen a las tasas sobre las que
leemos en la prensa capitalista o escuchamos por televisión.
Muchos de ellos no pagan nada.

Farrell Dobbs nos enseñó que uno de los grandes crímenes
de la cúpula sindical es su connivencia con la clase patronal al
enredar a los trabajadores en trámites burocráticos, en vez de
movilizar la fuerza de los sindicatos para defender los intereses
de los trabajadores. Los niveles salariales, las horas y las condiciones deben ser transparentes y sencillos, decía Farrell. Ningún contrato digno de consideración debe tener más de una
página, o a lo sumo dos páginas. Después hay que organizar a
las filas para que hagan que se cumpla.

Es parecido con los impuestos. Cada vez que los políticos capitalistas empiezan a hablar de "reformas del impuesto al ingreso", los trabajadores saben que siempre terminan pagando
los platos rotos. Así que la panacea burguesa de que todos de-
biéramos de llenar una simple tarjeta postal y pagar la misma
tasa impositiva, ya sea que tengamos ingresos de 10 mil dólares o 10 mil millones —y sin deducciones o exenciones— susci-
ta interés entre el pueblo trabajador. La simplificación y trans-
parencia en sí la hace atractiva, aun si el pueblo trabajador paga
la misma tasa que los más acomodados.

Desde luego, la ilusión consiste en que existe alguna manera
—ya sea un "impuesto de tasa única" o alguna otra "reforma
impositiva"— de hacer que los dueños del capital paguen sin
arrebatarles el poder estatal con una revolución y establecer un
gobierno de trabajadores y agricultores. A menos que se haga
esto, los capitalistas siempre van a hallar la forma de hacer que
los impuestos recaigan sobre nuestras espaldas.

Los trabajadores comunistas estamos a favor de un impuesto
a los ingresos fuertemente progresivo o graduado, una posi-

ción que hemos mantenido desde que esa demanda apareciera por primera vez hace más de 150 años en el *Manifiesto comunista*. Sin embargo, bajo el capitalismo el concepto de un impuesto progresivo a los ingresos ha quedado tan desvirtuado que nadie —salvo un reducido número de trabajadores con conciencia de clase— recuerda que la demanda audaz y revolucionaria planteada por el movimiento obrero moderno nunca suponía su aplicación a los salarios o a los modestos ingresos de los pequeños agricultores, pescadores u otros entre el pueblo trabajador. *Todo lo contrario*. El impuesto progresivo o graduado, según se plantea en el *Manifiesto comunista*, no es una carga a los salarios sino un carga a los *ingresos* de ganancias, dividendos, intereses o rentas, incluidos los elevados sueldos de los profesionales, supervisores y administradores de clase media. Los trabajadores y los pequeños agricultores no íbamos a pagar impuestos; la "graduación" debía comenzar con el extremo inferior de los que viven de una manera diferente del proletariado a raíz de la explotación que realiza el capital del trabajo de la gran mayoría.

La verdad es que entre el momento en que se introdujo por primera vez el impuesto federal a los ingresos en 1913 y el comienzo de la Segunda Guerra Mundial, el 95 por ciento de la población en Estados Unidos no pagaba impuestos por ingresos. El pueblo trabajador estaba exento. Sin embargo, todo eso cambió casi de la noche a la mañana con las leyes propuestas al inicio de la guerra por la administración demócrata de Franklin Roosevelt y aprobadas por el Congreso bipartidista. Para 1943, aparecía por primera vez en nuestros talones de salarios la deducción impositiva del ingreso —para financiar "nuestra" guerra—, y a partir de ahí los gobernantes jamás volvieron la vista atrás.

Bajo el capitalismo el pueblo trabajador siempre parece enfrentar el dilema de escoger entre dos (o a veces más) candidatos burgueses, dos o más soluciones burguesas. El concepto del mal menor es lo que los gobernantes, respaldados por los farsantes del movimiento sindical y los maldirigentes de clase media en las organizaciones de derechos civiles y de la mujer, presentan como lo último en política.

Por eso es importante que los trabajadores comunistas hallemos ahora formas de presentar algunas demandas muy básicas e inmediatas para defender las condiciones y la solidaridad de la clase obrera y otros sectores del pueblo trabajador frente al creciente desempleo, endeudamiento y el peligro constante de brotes devastadores de inflación o pánico financiero. Esto es lo que los trabajadores-bolcheviques podemos ofrecer a nuestra clase como opción proletaria a las alternativas que nos presentan los demócratas y los republicanos.

• Los trabajadores debemos reivindicar un programa masivo de obras públicas financiado por el gobierno para asegurar empleos para todos, con salarios a niveles sindicales. Además de ofrecer empleos productivos a los desocupados, dicho programa hace falta para construir viviendas, escuelas, hospitales y clínicas, círculos infantiles, transporte público, bibliotecas, gimnasios, piscinas, parques y otros elementos de la infraestructura social que los capitalistas están dejando que se desmorone en vez de financiarla a partir de sus ganancias.

• El movimiento obrero debe exigir una semana laboral más corta, sin reducción en la paga, que sea obligatoria como ley federal para todos los patrones. Eso distribuiría el trabajo disponible y permitiría que los trabajadores, no sólo los capitalistas, gozáramos de los beneficios de cualquier avance en la productividad de *nuestro* trabajo.

• La clase obrera debe luchar por aumentar el salario mínimo. Aun con el aumento de 1996, el poder adquisitivo del salario mínimo sigue siendo inferior a lo que era en 1960, y 2.25 dólares por debajo de su punto más alto en 1968. Dada la competencia por empleos que existe bajo el capitalismo, los niveles salariales se establecen de abajo para arriba, y no de arriba hacia abajo.

Es más, este salario mínimo debe ser *universal*, o sea, que no se le niegue a ningún trabajador, ya sea en una fábrica o en una prisión. Todo el mundo debe tener garantizadas plenamente las prestaciones de salud, por discapacidad y de pensión. Esa postura —y no la demanda de cesar "los programas de trabajo en prisión que compiten con ventaja con el trabajo libre", según plantea hoy la burocracia del AFL-CIO— es la única forma de combatir el abuso patronal de la mano de obra en prisión. Es la única forma de promover la unidad y la solidaridad de la clase obrera, y no sabotearlas.

• El movimiento obrero debe exigir, también como ley federal, que todos los salarios estén protegidos por aumentos plenos y automáticos vinculados al costo de vida. Los esfuerzos de los capitalistas por recuperarse de un descenso en las ventas y las ganancias pueden desatar explosiones inflacionarias repentinas e inesperadas que destruyan el nivel de vida y los pocos ahorros del pueblo trabajador. Hay que garantizar los mismos ajustes automáticos para todas las prestaciones de pensiones, de seguro médico, por incapacidad, de asistencia pública y por desempleo.

• El movimiento obrero también debe buscar aliados entre los pequeños agricultores. Debemos unirnos a los agricultores para exigir un alto a las liquidaciones forzosas de fincas. En vez de verse sumidos cada vez más en la esclavitud de las deudas, los pequeños agricultores deben tener acceso a créditos baratos financiados por el gobierno. Deben recibir de Washington compensaciones de precios que les permitan cubrir todos sus costos de producción y les garanticen un nivel de vida digno y seguro a ellos y a sus familias.

• La clase trabajadora y el movimiento obrero en Estados Unidos deben exigir que Washington y otros gobiernos e instituciones financieras imperialistas anulen inmediatamente la deuda externa que se ha impuesto a los países semicoloniales. El monto de la deuda externa del Tercer Mundo actualmente pasa de los 2 billones de dólares, una cifra mucho más alta de lo que fue en el peor momento de la crisis de la deuda de la década de 1980.

Al tiempo que el capital financiero internacional ha exprimido más y más riquezas del pueblo trabajador de Asia, Africa y

América Latina para apuntalar sus tasas de ganancia flojas, 100 países —la cuarta parte de la población mundial— han sufrido una disminución del ingreso per cápita en los últimos 15 años; en Africa subsahariana, ¡el consumo per cápita es 20 por ciento más bajo de lo que fue en 1980! Más del 45 por ciento de la población del mundo sobrevive con menos de 2 dólares diarios, y 20 por ciento con menos de un dólar diario.

• Los trabajadores y agricultores en Estados Unidos debemos exigir que Washington elimine todos los aranceles y demás obstáculos al comercio y a los viajes que los gobernantes norteamericanos han erigido. Eso incluye eliminar las medidas contra el *"dumping"*, a favor del "trabajo justo", y de "protección ambiental", así como otras armas comerciales que el gobierno estadounidense esgrime —muchas veces con resultados devastadores— bajo el lema del "libre comercio". Es esto lo que debe reivindicar el movimiento obrero, y no el apoyo a las políticas proteccionistas del capital financiero ni las restricciones comerciales cada vez más onerosas que apuntan contra países semicoloniales e imperialistas rivales, según proponen hoy día en Estados Unidos los funcionarios sindicales y los liderazgos de clase media de diversas organizaciones ambientalistas y los llamados grupos contra los talleres de explotación.

La eliminación de todas las barreras arancelarias y no arancelarias impuestas por el gobierno norteamericano no tiene nada en común con la demagogia de los gobernantes acerca de garantizar un "campo de juego sin ventajas para nadie": ni para explotadores ni para explotados. Al contrario, al exigir la anulación de la deuda del Tercer Mundo y oponerse a todas las medidas que las clases acaudaladas emplean para agravar las condiciones desiguales de comercio que son inherentes al mercado capitalista mundial, los trabajadores en Estados Unidos podemos reforzar nuestra unidad con los trabajadores y agricultores de estos países en la batalla internacional contra nuestro enemigo común: las familias gobernantes imperialistas que nos explotan a todos para preservar su riqueza y su poder. Podemos ahondar el esfuerzo por transformar nuestros sindicatos en organizaciones revolucionarias de la clase obrera que han de inscribir estas demandas internacionalistas en nuestra bandera de combate.

■

Comenzamos el prólogo al nuevo libro de Pathfinder sobre Bahía de Cochinos con una declaración que, en una entrevista en 1997, hizo Enrique Carreras, un general de división de las Fuerzas Armadas Revolucionarias de Cuba, y quien como piloto de la fuerza aérea en 1961 hundió dos de los barcos de abastecimientos de los invasores y derribó dos de sus aviones. Carreras dice que la crisis "de los misiles" de octubre de 1962 fue una continuación de la derrota del imperialismo norteamericano en Playa Girón. "El revés que sufrieron en Girón los llevó a asumir el peligro de una guerra atómica", dice. "Girón es como una espina atravesada en la garganta, algo que ellos no aceptan todavía".

Carreras tiene razón. A pesar de lo rápido y lo contundente del triunfo cubano en Playa Girón, Fidel Castro destacó en su informe de abril de 1961 al pueblo cubano sobre la victoria que eso "no quiere decir, ni mucho menos, que el peligro haya pasado". Al contrario, dijo, "Nosotros creemos que el peligro ahora es grande; sobre todo, es grande el peligro de una agresión directa de los Estados Unidos".

Como hemos visto, la administración de Kennedy estaba organizando planes de invasión prácticamente al tiempo que Fidel hablaba, apenas unos días después de la victoria cubana. Y en octubre de 1962, consideraron su descubrimiento de misiles nucleares en Cuba como la oportunidad de llevar a cabo esos planes.

¿Qué se los impidió?

¿Por qué, casi 40 años después, los gobernantes norteamericanos jamás han vuelto a intentar una invasión a Cuba?

Algunos de ustedes probablemente han visto la película *Trece días*. Por supuesto, no es exacta. La película es una apología de los hermanos Kennedy y una glorificación de la "democracia" norteamericana. Trata sobre los gobernantes imperialistas de este país y la rama ejecutiva de su gobierno. Es otra más de sus juergas propagandísticas sobre sí mismos, su verdadero mundo, donde no figura el pueblo norteamericano. Por ejemplo, una de las muchas cosas que no se ven ni se escuchan en la película es la "broma" de Robert F. Kennedy en una de las primeras reuniones en la Casa Blanca, donde funcionarios de la CIA mostraron fotos de los misiles y describieron su alcance. "¿Pueden alcanzar a Oxford, Misisipí?" dijo el procurador general haciéndose el gracioso. Estaba fastidiado de que lo presionaran los manifestantes pro derechos civiles para que enviara alguaciles y soldados federales al Sur, para hacer cumplir la eliminación de la segregación, como lo habían obligado a hacer apenas unas semanas antes, cuando a James Meredith, quien era negro, se le había negado el ingreso a la Universidad de Misisipí en Oxford.

Esa era la actitud de los hermanos Kennedy hacia el movimiento pro derechos civiles. Era una tremenda lata: sería una causa justa a la larga, quizás, pero en este preciso instante, era un diversión de la lucha contra el comunismo. ¿Pueden caer los misiles en Oxford, Misisipí?

Sin embargo, aun antes de ir a ver *Trece días,* una de las críticas que aparecían en la mayoría de reseñas que había leído me puso a pensar, desde un ángulo ligeramente distinto, sobre las cuestiones que estamos discutiendo. Los críticos enfocan el hecho que la película se concentra mucho en la afinidad casi familiar de John y Robert Kennedy con Kenneth O'Donnell: "Nuestra banda de tres hermanos".

El verdadero O'Donnell, a diferencia del personaje de la película, según dicen los críticos, era simplemente el secretario de agenda de la Casa Blanca. Era sólo un viejo amigo universitario de Robert Kennedy y compinche político demócrata de Massachusetts: parte de la "mafia irlandesa". Nunca estuvo presente en las reuniones de alto nivel de la Casa Blanca donde los funcionarios del Pentágono, de la CIA, del Departamento de Defensa y del Consejo de Seguridad Nacional asesoraban a Kennedy sobre qué hacer acerca de los misiles. (¡Y el hijo de O'Donnell puso gran parte de la plata para la filmación! ¡Al respecto quizás los críticos sí anden tras la pista!) Sin embargo, los críticos no entienden de qué se trata el asunto. La decisión de Kennedy, en el transcurso de esos 13 días, de abandonar su empeño inicial de invadir a Cuba fue una decisión *política*. Fue una decisión que la administración demócrata tomó basada en su juicio sobre las consecuencias políticas internas, entre la población de Estados Unidos. Es posible que O'Donnell no haya tenido mucho que ver con esta decisión. Pero sí fue una decisión política. Y por más tergiversaciones que contenga el guión, el O'Donnell ficticio —como el de la vida real, el organizador político de la imagen de Kennedy y de su campaña electoral permanente— sirve para destacar esa realidad política.

Hay una escena magnífica donde John F. Kennedy se reúne en la Oficina Oval con los miembros del Estado Mayor Conjunto. Entre ellos está Curtis LeMay, jefe de la Fuerza Aérea, quien hace las del "Doctor Strangelove" en la película; unos años más tarde, en 1968, LeMay se postuló para vicepresidente como compañero de fórmula de George Wallace, lo que pasó a ser el último esfuerzo de los partidarios declarados de la segregación racial Jim Crow en la política electoral nacional.

Kennedy les pide a los generales y almirantes que le den sus cálculos de si los misiles podrían ser destruidos recurriendo únicamente a ataques aéreos norteamericanos. Después de un par de respuestas evasivas de otros oficiales, LeMay se expresa con mucho entusiasmo, "¡Señor Presidente, le garantizo que podemos eliminar el 90 por ciento de esos misiles!" Por la cara que pone Kennedy, uno sabe lo que le está pasando por la mente: "¿Y qué del otro 10 por ciento? ¿En cuántas ciudades norteamericanas pueden caer antes que podamos hacer algo?" A partir de ese momento, no cabe duda de que, si va a haber una acción militar norteamericana contra Cuba, ha de incluir una invasión, para eliminar "el resto" de los misiles.

Por lo menos esa parte señala un poco de la verdad. Los únicos planes que Kennedy contempló realmente para un ataque directo contra Cuba en octubre de 1962 giraron en torno a una invasión. Era la oportunidad que había estado aguardando desde su humillante derrota en Bahía de Cochinos. La película muestra a los reporteros que acosan a funcionarios de la administración acerca de los grandes movimientos y concentraciones de tropas en el Sur, una movilización militar demasiado grande para que pasara desapercibida.

Sin embargo, lo que la película no muestra es la reunión en la Casa Blanca del 26 de octubre, cuando el secretario de defensa Robert McNamara le dice a Kennedy que el Estado Mayor Conjunto anticipa bajas muy elevadas en una invasión a Cuba. El Pentágono calculaba que las fuerzas estadounidenses sufrirían hasta 18 500 bajas durante sólo los primeros 10 días de batalla. ¡Eso es más que el número de muertos y heridos durante los primeros cinco años de combate en la Guerra de Vietnam! Y los generales cubanos que entrevistamos para *Haciendo historia* afirmaron unánimemente que los cálculos del Pentágono eran muy, muy inferiores al verdadero número de bajas norteamericanas, si Washington hubiera intentado una invasión.

Una vez que Kennedy se enteró de los cálculos del Pentágono, entonces la invasión pasó a ser un problema diferente. Las consecuencias políticas de pérdidas tan asombrosas habrían sido enormes en Estados Unidos, y Kennedy se echó atrás en sus planes.

Claro, uno no ve nada de eso en *Trece días*. La película se guía por la consabida sabiduría de todas las principales versiones tanto de los defensores del imperialismo norteamericano como del régimen estalinista en Moscú: de que los hermanos Kennedy amantes de la paz y Nikita Jruschov salvaron al mundo, actuando con sensatez, moderación y humildad cristiana.

De hecho, salvo por un par de escenas en que los artilleros antiaéreos disparan contra aviones estadounidenses en sobrevuelo, en *Trece días* la Revolución Cubana no existe para nada. Por ningún lado se ve a los trabajadores y campesinos cubanos, a los millones que estaban armados y movilizados.

Pero la verdad es lo contrario. Gracias a la voluntad revolucionaria de defender su país y su revolución socialista, esos trabajadores y agricultores fueron —y hoy día siguen siendo— los principales protagonistas en frenar la mano de Washington.

El Partido Socialista de los Trabajadores y la Alianza de la Juventud Socialista también estuvieron movilizados aquí en este país durante esas jornadas históricas. Una de las presentaciones incluidas en *El desorden mundial del capitalismo* relata un poco de esa historia. La presentación se dio en noviembre de 1992, un mes después del 30 aniversario de la Crisis de Octubre, que había sido el tema de documentales por varias cadenas norteamericanas de televisión que contaron con un público muy amplio. Al ver todos estos documentales, a varios de nosotros nos llamó la atención una inexactitud extraña. Como se mencionó en esa presentación, "En cada uno de ellos se presentaba la situación de lo que estaba pasando en Estados Unidos [en octubre de 1962] como un caso de histeria masiva universal. Pero si uno vivió la crisis de los misiles como una persona política, como un revolucionario, sabe que eso no fue así".

Como miembro relativamente nuevo del PST y de la AJS en aquellos días, expliqué, "Yo sé por experiencia propia que hubo miles de personas en Estados Unidos que trabajamos las 24 horas del día para impedir que Washington invadiera a Cuba. . . . Pudimos apreciar que existía el espacio para hacer eso, y supimos aprovecharlo". Sin histeria, sin almacenar agua embotellada o comida enlatada, sino trabajo sereno y seguro. Y al hacer esto, los que éramos miembros del partido y de la AJS "logramos captar a varios luchadores jóvenes y nuevos al movimiento comunista, quienes fueron templados y adquirieron un mayor aguante al pasar esa prueba de fuego".

■

Es justo que esta celebración pública del 40 aniversario de la victoria en Playa Girón y de la victoria de la campaña de alfabetización cubana coincida aquí en Seattle con una reunión de trabajo de dos días de la dirección nacional de la Juventud Socialista. Los miembros de esa organización juvenil revolucionaria toman como guía el programa y las tradiciones del partido comunista en este país, el Partido Socialista de los Trabajadores. Y los trabajadores-bolcheviques en nuestro partido continúan buscando contactar, como iguales, a estas nuevas generaciones y ofreciéndoles la política comunista y la actividad común: así como hicieron V.R. Dunne y otros al entablar contacto con quienes por primera vez habíamos sacado conclusiones revolucionarias al comienzo de los años sesenta.

Y es también importante destacar que, al organizar esta celebración, contamos con la participación de miembros de nuestro movimiento de partidarios organizados. Como voluntarios del Proyecto de Reimpresión de Pathfinder, asumieron responsabilidades decisivas durante el último mes para la producción de *Playa Girón/Bahía de Cochinos: Primera derrota militar de Washington en América*. Tradujeron materiales del español al inglés y del inglés al español; escanearon artículos y elementos para reproducirlos en el libro; prepararon los gráficos; y formatearon y corrigieron las páginas. Desde ciudades y pueblos a través de Estados Unidos y por todo el mundo, unos 200 partidarios ahora están asumiendo la preparación digital de los nuevos títulos de Pathfinder, además del trabajo que han estado haciendo por mas de dos años para ayudar a mantener impreso el arsenal entero del movimiento comunista de unos 350 títulos. Y se están sumando a los miembros del PST y de la JS en el esfuerzo por llevar estos títulos a los estantes de librerías, a otras tiendas y a bibliotecas públicas.

Estos libros y folletos revolucionarios —las lecciones aprendidas con lucha y sangre por los trabajadores de todo el mundo durante el último siglo y medio— le dan al movimiento comunista una tremenda palanca política. Con el cambio marino en la política obrera y el debilitamiento histórico del estalinismo a nivel mundial, podemos llevar ideas comunistas a individuos que están en pie de lucha en casi cualquier parte del mundo y tener una buena respuesta.

Esto es lo que está cambiando. Un sector de vanguardia de trabajadores y agricultores en este país están desarrollando confianza a partir de su experiencia común, y por lo tanto están más predispuestos a tomar en cuenta ideas radicales, incluso el programa y la estrategia del movimiento comunista moderno. Sépanlo o no, sus propias experiencias de vida y lucha los están acercando a las experiencias de los trabajadores y campesinos de Cuba revolucionaria.

A medida que números crecientes de trabajadores rechazamos en la práctica las cosas de las que los patrones por tanto tiempo han intentado convencernos —de que es inútil luchar, de que sólo quedaremos debilitados y aplastados— más y más miembros de una fuerza laboral que está en proceso de transformación seguirán la pauta del ejemplo sentado por los trabajadores y campesinos cubanos hace 40 años. Según lo plantea la contraportada del nuevo libro, nos enseñaron que "dotados de conciencia política, solidaridad de clase, valor indoblegable y una dirección revolucionaria que demuestra un impecable sentido del momento oportuno para actuar, es posible hacer frente a un poderío enorme y a probabilidades aparentemente irreversibles . . . y vencer".

Quienes han luchado por la Revolución Cubana, quienes la han defendido e impulsado por más de cuatro décadas, son trabajadores y trabajadoras comunes y corrientes. Asimismo, no tenían nada especial los jóvenes que en abril de 1961 en este país hicieron frente a la opinión pública burguesa y dijeron con valentía y confianza: "¡El pueblo cubano va a triunfar!"

Lo especial no es nunca el material humano, sino los tiempos en los que vivimos y nuestro estado de preparación. Si hemos trabajado juntos de antemano para construir un partido obrero disciplinado y centralizado —con un programa y una estrategia que impulsan la marcha histórica de nuestra clase a nivel mundial— entonces estaremos listos para las nuevas oportunidades en la lucha de clases cuando estallen de maneras totalmente imprevistas. Estaremos preparados para construir un partido proletario de masas que pueda enfrentarse a los gobernantes capitalistas en una lucha revolucionaria y derrotarlos. Esa es la lección más importante que cada uno de nosotros puede sacar. Esa es la razón para integrarse al movimiento comunista, para unirse a la Juventud Socialista y al Partido Socialista de los Trabajadores. Lo que hemos estado discutiendo y celebrando aquí esta tarde nos debe hacer pensar un poco más a fondo acerca del significado político de las giras de conferencias en Estados Unidos de jóvenes cubanos que la Juventud Socialista y el Partido Socialista de los Trabajadores hemos ayudado a organizar durante la última década. Debe ayudarnos a sopesar la importancia del trabajo que hacemos junto a los revolucionarios cubanos para llegar a aquellos en cualquier parte del mundo que quieran construir un movimiento juvenil antiimperialista a nivel internacional: incluido nuestro esfuerzo este año para organizar una mayor participación en el Segundo Encuentro Juvenil Cuba-Estados Unidos a celebrarse en La Habana en julio, y después el XV Festival Mundial Juvenil en Argelia el mes siguiente.

Debe hacernos apreciar más plenamente lo que significa cuando trabajadores y agricultores de Estados Unidos visitan a Cuba, aprenden directamente de otros trabajadores acerca de la revolución, y después regresan para hablar acerca de las lecciones con trabajadores y agricultores en este país.

Debe hacernos comprender mejor lo que logramos al colaborar con otros para asegurar que Pathfinder tenga un stand en la Feria del Libro de La Habana todos los años, y al colaborar con revolucionarios en Cuba en torno a libros como *Che Guevara habla a la juventud* o el que estamos celebrando aquí hoy, y después hacerlos llegar a las manos del mayor número posible de trabajadores, agricultores y jóvenes en este país y dondequiera que podamos.

■

En el discurso de mayo de 1961 que citamos antes, Che Guevara señaló algo que sería muy útil para concluir. Cuando los trabajadores y campesinos en América Latina se enteraron de la invasión organizada por Washington en el curso del 17 de abril, dijo Che, respondieron con tremenda solidaridad pero también apesadumbrados. "Las protestas fueron enormes", dijo Che. "Las masas populares salieron a la calle. Pero muchos pensaron que se había acabado un bonito sueño de América, y que se estaba en el principio de otra triste etapa donde el imperialismo iba a hacer valer de nuevo toda su pujanza, su arrogancia de vencedor, todo ese poder que puede desatar sobre los pueblos . . . ".

Pero unos días mas tarde, dijo Che, cuando "ya definitivamente se vio la victoria del pueblo, todo mundo en América ha visto con toda claridad que ha sido una gran derrota del imperialismo". Además, dijo, habían aprendido en la práctica que la solidaridad "no es cuestión solamente de manifestaciones de simpatía ni de tirar piedras frente a una embajada, sino cosas muchísimo más serias. Ya antes sabían los pueblos que se podía hacer una revolución y tomar el poder contra los servidores del imperialismo".

Che tiene razón. Después de esa victoria del pueblo cubano —esa espina sigue atravesada en la garganta del imperialismo hasta el día de hoy— ninguna reunión, ninguna manifestación, ningún trabajo conjunto de ningún tipo en defensa de la Revolución Cubana se ha realizado jamás con tristeza. Se organizan con alegría, y con confianza en el futuro.

Y la mayor alegría surge de la confianza de que lo que Fidel Castro le dijo al mundo en marzo de 1961 no sólo continúa siendo cierto cuatro décadas más tarde, sino que ahora tiene menos obstáculos históricos en su camino: antes de que haya una contrarrevolución exitosa en Cuba, habrá una revolución socialista victoriosa en Estados Unidos.

Sí, aquí mismo.

Indice

Playa Girón/Bahía de Cochinos

*Primera derrota militar
de Washington en América*

FIDEL CASTRO, JOSÉ RAMÓN FERNÁNDEZ

En menos de 72 horas de combate en abril de 1961, las fuerzas armadas revolucionarias de Cuba derrotaron una invasión de 1 500 mercenarios organizada por Washington. Al hacerlo, el pueblo cubano sentó un ejemplo para los trabajadores, agricultores y jóvenes en todo el mundo: que dotados de conciencia política, solidaridad de clase, valor indoblegable y una dirección revolucionaria, es posible hacer frente a un poderío enorme y a probabilidades aparentemente irreversibles, *y vencer*. También se edita en inglés. US$20

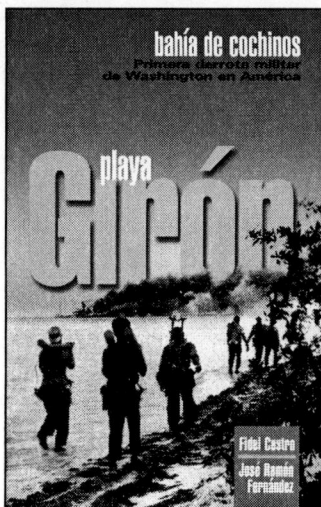

Pathfinder nació con la Revolución de Octubre

MARY-ALICE WATERS

Pathfinder traza su continuidad ininterrumpida a las fuerzas pioneras que emprendieron el esfuerzo mundial para defender y emular a la primera revolución socialista: la Revolución de Octubre de 1917 en Rusia. Desde los escritos de Marx, Engels, Lenin y Trotsky, hasta las palabras de Malcolm X, Fidel Castro y Che Guevara, y las de James P. Cannon, Farrell Dobbs y otros dirigentes del movimiento comunista en Estados Unidos hoy, los libros de Pathfinder buscan "impulsar el entendimiento, la confianza y la combatividad del pueblo trabajador", escribe Waters. También se edita en inglés y francés. US$3

La clase trabajadora y la transformación de la educación

El fraude de la reforma educativa bajo el capitalismo

JACK BARNES

"Hasta que la sociedad se reorganice para que la educación sea una actividad humana desde que aún somos muy jóvenes hasta el instante en que morimos, no habrá una educación digna de la humanidad creadora". También se edita en inglés, francés, islandés, sueco y farsí. US$3

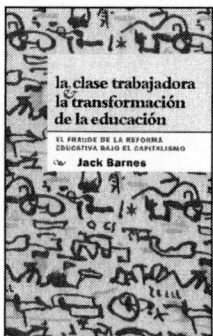

www.pathfinderpress.com

La lucha por un partido proletario

The Struggle for a Proletarian Party

(La lucha por un partido proletario)

JAMES P. CANNON

Cannon, un fundador del movimiento comunista en Estados Unidos y dirigente de la Internacional Comunista en la época de Lenin, defiende en la víspera de la Segunda Guerra Mundial el programa proletario y las normas para construir el partido que son propios del bolchevismo. En inglés. US$21.95

El rostro cambiante de la política en Estados Unidos

La política obrera y los sindicatos

JACK BARNES

Sobre la construcción del tipo de partido que la clase trabajadora necesita a fin de prepararse para las batallas de clases que se avecinan, batallas a través de las cuales se revolucionará a sí misma, a sus sindicatos y a toda la sociedad. Es una guía para trabajadores, agricultores y jóvenes a quienes les repugnan la inequidad social, la inestabilidad económica, el racismo, la opresión de la mujer, la violencia policiaca y las guerras endémicas al capitalismo . . . y quienes están decididos a derrocar ese sistema de explotación. US$23

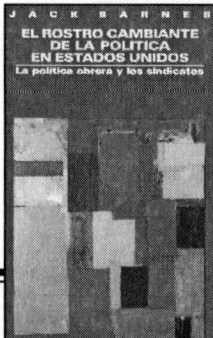

La última lucha de Lenin

Discursos y escritos, 1922–23

V.I. LENIN

A comienzos de la década de 1920, Lenin libró una batalla política en la dirección del Partido Comunista de la URSS para mantener la perspectiva que había permitido a los trabajadores y campesinos derrocar el imperio zarista, emprender la primera revolución socialista y comenzar a construir un movimiento comunista mundial. Los problemas planteados en esta lucha —desde la composición de clase de la dirección, hasta la alianza obrero-campesina y las batallas contra la opresión nacional— siguen siendo fundamentales a la política mundial. También en inglés. US$21.95

The First Ten Years of American Communism

A participant's account

(Los primeros diez años del comunismo norteamericano: Relato de un partícipe)

JAMES P. CANNON

"El estalinismo ha trabajado tesoneramente para borrar el historial honorable del comunismo norteamericano en sus días pioneros. Aun así, el Partido Comunista escribió dicho capítulo, y los jóvenes militantes de la nueva generación deben saber acerca de él y reclamarlo como propio. Les pertenece".—James P. Cannon, 1962. En inglés. US$20

www.pathfinderpress.com

La juventud y el movimiento comunista

El desorden mundial del capitalismo
Política obrera al milenio
JACK BARNES

"Jóvenes militantes se sienten atraídos al poder social y fuerza potencial de la clase obrera, sus luchas y sus organizaciones. Un número creciente se interesa en ideas políticas más amplias y se une al movimiento comunista". En cinco charlas, Jack Barnes explica la destrucción social, los pánicos financieros, la brutalidad policiaca, y la marcha hacia el fascismo y la guerra endémicos al capitalismo, y la capacidad de los trabajadores y agricultores, unidos en lucha, para reconstruir el mundo sobre nuevas bases. También en inglés y francés. US$24

Manifiesto de la Juventud Socialista

"Nuestro programa y actividad política parten de 150 años de la lucha de clases moderna y los principios desarrollados por el movimiento obrero revolucionario", explica la Juventud Socialista en su declaración de objetivos. En el no. 5 de la revista marxista *Nueva Internacional*. También en inglés, francés y sueco. US$15

Che Guevara habla a la juventud

"De nada sirve el esfuerzo aislado, el esfuerzo individual, la pureza de ideales, el afán de sacrificar toda una vida —una vida al más noble de los ideales— si ese esfuerzo se hace solo", fuera de una organización revolucionaria, explicó Che Guevara a la juventud cubana en 1960. Uno de los ocho discursos de 1959–64 en los que el legendario dirigente comunista reta a la juventud a politizar sus organizaciones, unirse a las luchas revolucionarias y convertirse en seres humanos diferentes a la vez que se esfuerzan, junto a los trabajadores y agricultores de todos los países, a transformar el mundo. US$15

Rebelión Teamster
FARRELL DOBBS

La historia de las huelgas de 1934 en Minneapolis que ayudaron a preparar el terreno para el movimiento sindical industrial. Dobbs, a la sazón un trabajador en las empresas del carbón que tenía 27 años, relata cómo llegó a ser parte de la dirección de lucha de clases del sindicato y cómo fue captado al movimiento comunista. "Políticamente yo avancé mucho en poco más de un año ante el impacto de mis experiencias en la crisis social" de la década de 1930, escribe Dobbs. También en inglés. US$19

Jack Barnes
EL DESORDEN MUNDIAL DEL CAPITALISMO

POLÍTICA OBRERA AL MILENIO

CHE GUEVARA HABLA A LA JUVENTUD

Revolucionarios

El manifiesto comunista
CARLOS MARX Y FEDERICO ENGELS

A fines de 1847 dos jóvenes revolucionarios se sumaron a los cuadros obreros veteranos de varios países para formar la primera organización comunista moderna. Su manifiesto de fundación, redactado por Marx y Engels, declaraba que su programa derivaba no de "principios sectarios" sino "de las condiciones reales de una lucha de clases existente, de un movimiento histórico que se desarrolla ante nuestros ojos". US$5

To Speak the Truth
(Hay que decir la verdad: por qué no cesa la 'Guerra Fría' de Washington contra Cuba)
FIDEL CASTRO Y CHE GUEVARA

En discursos históricos ante Naciones Unidas y sus organismos, Guevara y Castro se dirigen a los trabajadores del mundo, explicando por qué Washington odia tanto el ejemplo de la revolución socialista en Cuba y por qué los esfuerzos de Washington para destruirla fracasarán. En inglés. US$17

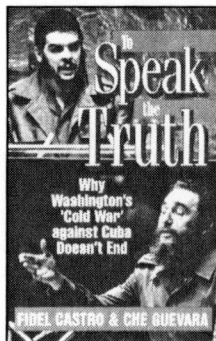

Puerto Rico: La independencia es una necesidad
RAFAEL CANCEL MIRANDA

En dos entrevistas, el dirigente independentista puertorriqueño Cancel Miranda —uno de los cinco nacionalistas puertorriqueños encarcelados por Washington por más de 25 años hasta 1979— habla sobre la realidad brutal del coloniaje norteamericano, la campaña para liberar a los presos políticos puertorriqueños, el ejemplo de la revolución socialista cubana, y el resurgimiento del movimiento independentista hoy. $3

Terreno fértil: Che Guevara y Bolivia
RODOLFO SALDAÑA

Saldaña, uno de los bolivianos que se unieron a Che Guevara, habla sobre las batallas inconclusas de los mineros del estaño, de los campesinos y de los pueblos indígenas de su país que crearon un "terreno fértil" para la trayectoria revolucionaria de Che y que delinean el futuro de Bolivia y de América. De Editora Política. US$9.95

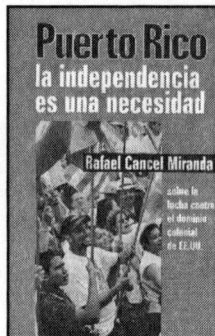

www.pathfinderpress.com

en sus propias palabras

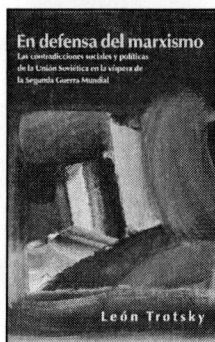

En defensa del marxismo
Las contradicciones sociales y políticas de la Unión Soviética en la víspera de la Segunda Guerra Mundial
LEON TROTSKY

Trotsky responde en 1939–40 a quienes dentro del movimiento obrero revolucionario abandonaban la defensa del degenerado estado obrero soviético, sobre el que se cernía un ataque imperialista. Plantea por qué sólo un partido que lucha por integrar a más trabajadores a sus filas y a su dirección puede mantener una firme trayectoria revolucionaria. US$25

La historia del trotskismo americano 1928–38
Informe de un partícipe
JAMES P. CANNON

"El trotskismo no es un movimiento nuevo, una doctrina nueva", dice Cannon, "sino la restauración, el renacer del marxismo genuino según se propugnó y se practicó en la Revolución Rusa y en los primeros días de la Internacional Comunista". James P. Cannon relata un periodo decisivo en los esfuerzos por construir un partido proletario en Estados Unidos. US$22

El socialismo y el hombre en Cuba
ERNESTO CHE GUEVARA Y FIDEL CASTRO

La explicación más conocida de Che Guevara sobre las tareas y los desafíos políticos al conducir la transición del capitalismo al socialismo. Incluye "Planificación y conciencia en la transición al socialismo" y "Trabajo voluntario, escuela de conciencia comunista". Contiene también el discurso pronunciado por Fidel Castro en el vigésimo aniversario de la muerte de Che. $15

Malcolm X habla a la juventud
Discursos en Estados Unidos, Gran Bretaña y Africa

Cuatro charlas y una entrevista dadas por Malcolm X a jóvenes en Ghana, el Reino Unido y Estados Unidos, durante los últimos meses de su vida. Incluye su ponencia del debate celebrado en la Universidad de Oxford, Inglaterra, en diciembre de 1964 y hasta la fecha inédita. Concluye con dos homenajes ofrecidos por un joven dirigente socialista a este gran revolucionario, cuyo ejemplo y cuyas palabras siguen planteando la verdad para una generación tras otra de jóvenes. $15

Haciendo historia

*Entrevistas con cuatro generales de las
Fuerzas Armadas Revolucionarias de Cuba*

A través de las historias de cuatro destacados generales cubanos —cada uno con cerca de medio siglo de actividad revolucionaria— vemos la dinámica de clase que ha definido toda nuestra época. Podemos comprender cómo el pueblo cubano, al luchar por la construcción de una nueva sociedad, ha mantenido a raya a Washington por más de 40 años. US$15.95

Dynamics of the Cuban Revolution

*(Dinámica de la Revolución Cubana)
Una apreciación marxista*
JOSEPH HANSEN

¿Cómo se hizo la Revolución Cubana? ¿Por qué representa, según plantea Hansen, un "desafío intolerable" para el imperialismo norteamericano? ¿Qué retos políticos ha enfrentado? Escrito a medida que avanzaba la revolución desde los primeros días. En inglés. US$22.95

Countermobilization: A Strategy to Fight Racist and Fascist Attacks

(Contramovilización: una estrategia para combatir ataques racistas y fascistas)
FARRELL DOBBS

Al movilizar a los obreros, agricultores, estudiantes y otros más contra los ataques de fuerzas racistas y de ultrade-recha, dice Dobbs, "lo principal es educar a un creciente ejército de antifascistas. Lo que está en juego para cada combatiente es: ¿va a estar listo uno para cuando ocurra de verdad? Y sí va a ocurrir". En inglés. US$8

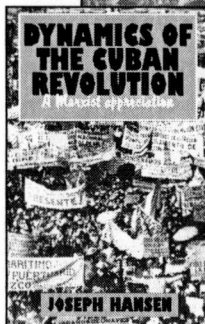

50 años de guerra encubierta

El FBI contra los derechos democráticos
LARRY SEIGLE

A medida que la clase dominante norteamericana se aprestaba a aplastar la resistencia obrera e ingresar a la matanza interimperialista de la Segunda Guerra Mundial, se creó el aparato nacional de la policía política que existe hoy día, junto con los poderes ejecutivos enormemente ampliados de la presidencia imperial. Documenta las consecuencias para los movimientos obrero, negro, antiguerra y otros de índole social, y cómo en los últimos 50 años, la vanguardia obrera ha luchado para defender los derechos democráticos contra el gobierno y los ataques patronales. US$7

Cosmetics, Fashions, and the Exploitation of Women

(Los cosméticos, la moda y la explotación de la mujer)
JOSEPH HANSEN, EVELYN REED Y MARY-ALICE WATERS

De cómo los capitalistas se valen de la condición de segunda clase y de las inseguridades sociales de la mujer para comercializar los cosméticos y acumular ganancias. En la introducción, Waters explica cómo el ingreso de millones de mujeres a la fuerza laboral durante y después de la Segunda Guerra Mundial cambió de forma irreversible la sociedad norteamericana y sentó las bases para un ascenso renovado de las luchas por la emancipación de la mujer. En inglés. US$15

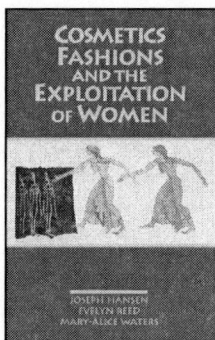

Fighting Racism in World War II

(La lucha contra el racismo durante la Segunda Guerra Mundial)
C.L.R. JAMES, GEORGE BREITMAN, EDGAR KEEMER Y OTROS

Un relato semana a semana de la lucha contra el terror de los linchamientos y la discriminación racista en Estados Unidos —en la industria bélica, las fuerzas armadas y la sociedad en general— desde 1939 a 1945, extraído de las páginas del semanario socialista *The Militant*. Estas luchas ayudaron a sentar las bases para el ascenso del movimiento de masas por los derechos civiles en las dos décadas subsiguientes. En inglés. US$21.95

El origen de la familia, la propiedad privada y el estado

FEDERICO ENGELS

Explica cómo el surgimiento de la sociedad de clases dio origen a los organismos estatales y estructuras de familia represivos, los cuales protegen la propiedad de los sectores dominantes, permitiéndoles transmitir de unos a otros riquezas y privilegios. Engels explica las consecuencias que estas instituciones de clases acarrean para el pueblo trabajador: desde sus formas originales hasta sus versiones modernas. US$17.95

Para comprender la historia

Ensayos marxistas
GEORGE NOVACK

¿Cómo surgió el capitalismo? ¿Por qué y cuándo agotó este sistema de explotación el papel progresista que una vez desempeñó? De por qué el cambio revolucionario es fundamental para el progreso humano. US$17.95

La revolución granadina, 1979–83

DISCURSOS DE MAURICE BISHOP Y FIDEL CASTRO

Discurso de Bishop, dirigente central del gobierno de trabajadores y campesinos en la isla caribeña de Granada, a la juventud y al pueblo trabajador en Estados Unidos en junio de 1983. Incluye discurso de Fidel Castro a más de un millón de personas congregadas en La Habana para rendir honor a los trabajadores caídos durante la invasión norteamericana de Granada. US$9

Nueva Internacional ■

NUEVA INTERNACIONAL NO. 5

El imperialismo norteamericano ha perdido la Guerra Fría

Jack Barnes

Al contrario de las esperanzas imperialistas al comienzo de los 90, en la secuela del colapso de regímenes en toda Europa oriental y la Unión Soviética que afirmaban ser comunistas, los trabajadores y agricultores en esos países no han sido aplastados. Y las relaciones sociales capitalistas no han sido estabilizadas. El pueblo trabajador sigue siendo un obstáculo tenaz para el avance del capitalismo, obstáculo que los explotadores tendrán que enfrentar en batallas de clases y con guerras. US$15

NEW INTERNATIONAL NO. 4

The Fight for a Workers and Farmers Government in the United States

(La lucha por un gobierno de trabajadores y agricultores en Estados Unidos)

Jack Barnes

La explotación de los trabajadores y pequeños agricultores por el capital bancario, industrial y comercial sienta las bases para su alianza en una lucha revolucionaria por un gobierno de los productores. En inglés. US$13

NUEVA INTERNACIONAL NO. 1

Los cañonazos iniciales de la tercera guerra mundial: el ataque de Washington contra Iraq

Jack Barnes

El ataque asesino de 1990–91 contra Iraq anunció conflictos cada vez más agudos entre las potencias imperialistas, una creciente inestabilidad del capitalismo internacional y más guerras. US$16

Sin teoría revolucionaria no puede haber una práctica revolucionaria

—LENIN—

Nueva Internacional
UNA REVISTA DE POLÍTICA Y TEORÍA MARXISTA
EL IMPERIALISMO NORTEAMERICANO HA PERDIDO LA GUERRA FRIA
Jack Barnes
El socialismo: una opción viable
por José Ramón Balaguer
Manifiesto de la Juventud Socialista
5

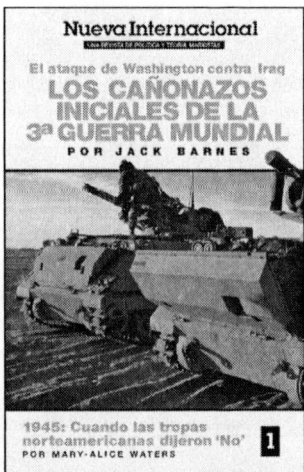

Nueva Internacional
UNA REVISTA DE POLÍTICA Y TEORÍA MARXISTA
El ataque de Washington contra Iraq
LOS CAÑONAZOS INICIALES DE LA 3ª GUERRA MUNDIAL
POR JACK BARNES
1945: Cuando las tropas norteamericanas dijeron 'No'
POR MARY-ALICE WATERS
1

NUEVA INTERNACIONAL NO. 4

Lo que anunció la caída de la bolsa de valores de 1987

Los orígenes de las crisis económicas y financieras impulsadas por deudas que hoy desestabilizan al capitalismo, fueron anunciados en octubre de 1987 al casi derretirse los mercados de valores del mundo. Esta resolución de 1988 del Partido Socialista de los Trabajadores explica por qué "ni las previas fuentes de acumulación rápida de capital ni otras opciones les permiten a las clases dominantes imperialistas impedir una depresión y una crisis social general a nivel internacional". Conforme se desaten esas convulsiones, los trabajadores y agricultores explotados tendrán "la oportunidad de poner soluciones revolucionarias en el orden del día". US$15

NUEVA INTERNACIONAL NO. 2

Che Guevara, Cuba y el camino al socialismo

Artículos por Ernesto Che Guevara, Carlos Rafael Rodríguez, Carlos Tablada, Mary-Alice Waters, Steve Clark, Jack Barnes

Intercambios de principios de los años 60 y del periodo actual sobre las perspectivas políticas que Che Guevara reivindicó al ayudar a dirigir al pueblo trabajador en la transformación de las relaciones económicas y sociales en Cuba. US$13

NUEVA INTERNACIONAL NO. 3

El ascenso y el ocaso de la revolución nicaragüense

Lecciones para revolucionarios de todo el mundo sobre el gobierno de trabajadores y campesinos que llegó al poder en Nicaragua en julio de 1979. Basado en diez años de periodismo socialista desde Nicaragua, este número especial de Nueva Internacional recuenta los logros y el impacto mundial de la revolución nicaragüense. Luego describe el repliegue político de la dirección del Frente Sandinista de Liberación Nacional que llevó a la caída de la revolución a fines de los años ochenta. Documentos del Partido Socialista de los Trabajadores. US$16

¿Tiene un amigo, compañero de trabajo, o familiar cuya primera lengua es inglés, francés, sueco o islandés? En ese caso, muchos de los artículos de *Nueva Internacional* se encuentran en *New International, Nouvelle Internationale, Ny International* y *Nýtt Alþjóðlegt.* Vea una lista completa en www.pathfinderpress.com

HA COMENZADO EL INVIERNO LARGO Y CALIENTE DEL CAPITALISMO

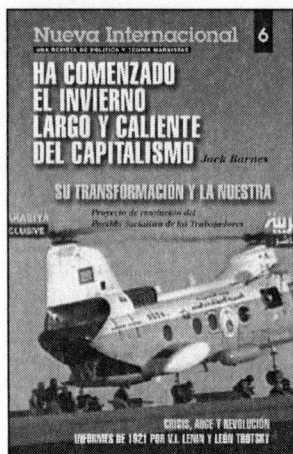

JACK BARNES

Ha comenzado uno de los inviernos largos y poco frecuentes del capitalismo, explica Jack Barnes. Hemos entrado a las primeras etapas de lo que van a ser décadas de crisis económicas y sociales y batallas de clases. "Al acelerarse la marcha del imperialismo hacia la guerra, va a ser un invierno largo y caliente. Y, lo que es más importante, será un invierno que, de forma lenta pero segura y explosiva, engendrará una resistencia de un alcance y profundidad no antes vistos por militantes de disposición revolucionaria en el mundo de hoy". *Nueva Internacional* no. 6 **incluye:** "Su transformación y la nuestra", proyecto de resolución del Partido Socialista de los Trabajadores, y "Crisis, auge y revolución: informes de 1921 por V.I. Lenin y León Trotsky". US$16

NUESTRA POLÍTICA EMPIEZA CON EL MUNDO

JACK BARNES

Las enormes desigualdades económicas y culturales que existen entre los países imperialistas y los semicoloniales, y entre las clases dentro de casi todos los países, son producidas, reproducidas y acentuadas por el funcionamiento del capitalismo. Para que los trabajadores de vanguardia forjemos partidos capaces de dirigir una exitosa lucha revolucionaria por el poder en nuestros propios países, dice Jack Barnes, nuestra actividad debe guiarse por una estrategia para cerrar esa brecha. "Somos parte de una clase internacional que no tiene patria. Eso no es una consigna. No es un imperativo moral. Es reconocer la realidad de clase de la vida económica, social y política en la época imperialista". *Nueva Internacional* no. 7 **incluye:** "Agricultura, ciencia y las clases trabajadoras" por Steve Clark y "Capitalismo, trabajo y naturaleza" un intercambio entre Richard Levins y Steve Clark. US$14